麻瓜通靈日記

王艾如（大寶）——著

I USED TO BE A MUGGLE

沒有地圖、沒有導遊，跟著大寶、宇宙閨蜜分多奇一起
踏上這場冒險、驚奇、新體驗之旅

Contents 目錄

好評推薦

看著認識的朋友從麻瓜變成通靈人的最大好處，就是破解了對通靈這件事的迷思。

一是明白通靈是種中性的能力，就跟騎車畫畫唱歌一樣，或許有人天賦異稟，但也就僅此而已。二是，即使會通靈，能帶來高頻的訊息，但通靈人並不等於訊息。他們還是活生生的人，依然有著喜悅悲傷恐懼，屬於自己的人生魔考，甚至那個魔考更加嚴厲，因為你會眼睜睜看到人與頻率的落差，某程度上來說還蠻殘忍的。

但這絕對是一趟美好的照見自己的旅程。你會同時看到自己的偉大與渺小，穿越過後得到的勇氣與洞見，是不管那個能力是否還繼續存在，也奪不走的。

終究，這些所有的體驗，只是為了要讓我們直視自己的內心，然後義無反顧地往前走。就算你這輩子都無法通靈，你也會找到屬於你的與這個世界，還有和你自己的相處方式。

Have fun la!

——曾寶儀（主持人、作家）

精神導師白長老：「祝福此書《麻瓜通靈日記》能提供給相似體質朋友們一份支持，閱讀中親臨大寶的靈性體驗。」

——Asha（通靈管道、身心靈作家）

我見過的通靈人早已破百，但沒有任何一個通靈人能有如此機緣、願意在眾人的灼灼目光下，接受攝影機毫無保留的記錄自己啟靈的全過程。

透過大寶的親身體驗與文字影像記錄，你將會驚喜的發現，通靈從此不再是道聽途說的怪力亂神，也不再是引人膜拜的神蹟示現。

通靈的真實面貌，在於揭示人類與萬事萬物間緊密、美妙又深刻的連結，宇宙的大愛不曾也不會遺忘任何一個人。至於你我，果真從不孤單。

——林明謙（導演）

有幸見證大寶一路從無到有的經營頻道，比起通靈能力，我在她身上學到更多的是「往內看」的思維，非常值得大家沉下心來看這本書。

——左撇子（《左左的紳活札記》、影評人）

如果當神比較難，回頭當人吧！重心做人，再次享受當人的愉悅吧～

——春花媽（動物溝通者、藥輪傳遞者）

用尊重與柔軟的心，來開啟這趟看不見的旅程，進而與自己相會。

——夫夫之道（佛系 YouTuber）

會被靈性相關知識吸引最重要的兩個原因：實在、好用。

在對錯與善惡之間，有一個充滿包容力的空間，對我而言那就是靈性。

我渴望被包容也渴望包容別人，所以我學習靈性。而大寶的真誠與對靈性的實踐，不管是紀錄成書籍或影音作品，在我生活中是非常珍貴的提醒和陪伴！謝謝你！平行世界的朋友♡

——余佩真（歌手、演員）

一開始聽會覺得扯，看久了感覺好真誠。

再更認識大寶跟分多奇一點，滿滿的都是歡樂。

——涵冷娜（演員）

前言

開啟通靈旅程

「Hello 大家好！我是大寶。」

我坐在攝影機前，向鏡頭揮手打招呼，每月拍攝 YouTube 影片的日子又到了。

每個月總有幾天，YouTube 頻道的團隊成員，會聚集在我家客廳，錄製我與分多奇談論靈性成長的話題，分享我的內在觀察日記，有時也會邀請身心靈領域的工作者一起對談。而其中最受歡迎的單元，大概就是分多奇如何看待我們生活中慣常的事物，祂的觀點總是令我們嘖嘖稱奇。

噢，分多奇是誰？

分多奇是另一個次元的我，或者也可以稱祂為我的「高我」或「指導靈」。我相信每個人都是宇宙整體的一部分，而且每個人都擁有多次元的自己，只要經過鍛鍊，我們就可以與另一個時空的自己連結，互相傳遞訊息。

據我所知，分多奇活在一個跟人類相比頻率更高的時空。在那裡沒有物質，只有各種能量意識體。在錄製祂的單元時，我會藉由通靈能力與祂連結，成為祂的傳訊「管道」，讓祂的意識能透過我表達。祂會分享祂如何看待我們人類世界的事物，好比死亡、預言、戰爭、因果、ＡＩ人工智慧……等，而祂的觀點，常給大家當頭棒喝。

大概是因為我經營網路自媒體，又以通靈狀態拍攝影片，所以某些人會稱我為「通靈網紅」。現在的我，並不認為通靈是一件可怕或神祕的事，但以前的我，並不這麼認為。

以前，只要講到通靈，我腦中總是會浮現陰森又恐怖的畫面，而且必定與乩童辦事或是驅魔有關。但直到我有親身體驗後，我才發現，不是那樣的。或是說，不只是那樣。

因為這幾年我自身的體驗，以及親眼目睹身邊超級多神奇的人事物後，

我發現其實每個人生來就有靈性的感知力，這是我們與生俱來的天賦本能，只是因為疏於鍛鍊，便以為它不存在。就像腹部的六塊肌，如果不刻意訓練，就會被脂肪埋沒。但這樣的「靈性肌肉」，確確實實每個人都有。

已經二〇二三年了，我認為通靈不該只是可怕的深夜節目，或是嚇唬小孩的鬼故事。儘管探索未知領域時，難免感到害怕與迷惘，但如果我們願意勇敢一點，踏進去瞧一瞧，就有可能發現令人讚嘆的新大陸。

我的通靈旅程，起始於一顆敞開自我的好奇心。直到今天，我依然持續在擴大生活體驗，並且結交新朋友，一起探索看不見的靈性世界。如果可以的話，希望有一天，你也能成為我們的夥伴，一起體驗，一起實驗，一起分享與交流，讓我們能夠將看不見的世界，越看越明白。

接下來，我想與你分享我的麻瓜啟靈之路，繫好安全帶，一起上路吧！

PART 1

開始

第1章
「看不見的旅程」的起點

通靈、傳訊到底是怎麼一回事？……我心中有一萬個為什麼，因為拍攝《看不見的台灣》，我打開了一扇好奇心的門。

旅程的開始，要從二〇一六年，我滿三十歲的這年說起。

這一年對我來說，是一個重要的轉捩點，讓我開始有機會去思考「物質的背面」是什麼？關注「看不見的東西」又有什麼意義？這個契機要從認識海哥，拍攝紀錄片《看不見的台灣》說起。

我當時是個幹勁十足，在業界力爭上游的年輕攝影師，拍攝紀錄片、MV與廣告片是我的專長。某個機緣下，一位攝影師前輩為我引薦工作，我依約到民生社區的一間文青咖啡館，與一位導演初次碰面。他的名字叫林明謙，後來我們都稱他「海哥」。

海哥是一個標準的雙魚座大叔，感情豐富、觀察力強。越神祕、越沒有標準答案的事物，就越令他著迷。他的個性就像一條熱愛探索未知海洋的魚，甚至在他的脖子後方有一條魚的刺青（那刺青不知是魚還是海豚，畫風太曖昧，但他也不會正面告訴你那是什麼）。

那天我們從下午聊到晚上，聊二〇一二年的末日預言、聊生而為人的意義、聊《與神對話》這本書如何啟蒙他的靈性探索……都是一些不著邊際的話題。對三十歲的我來說，正處在積極累積工作經驗跟作品的重要時間點。見面之前，我的心態是「OK，今天要去談一個紀錄片的拍攝工作」，我希望這個案子能有讓我發揮的舞台，讓我的專業技能更加提升，但是我沒有想到，會花這麼多的時間聊哲學與神祕學，然後彼此分享感受，對於今天的正事——電影的主題輪廓，我還是摸不著頭緒。

經過一、兩小時的聊天後，海哥才說，他想以一群在台灣的薩滿為題，拍一部探究「看不見的世界」的紀錄片。而他在找的不只是一位攝影師，是一位願意跟他一起嘗試、一起探索這未知世界的工作夥伴。

「雖然還不知道要幹嘛，但是感覺蠻有趣的。」我想。我二十六歲那年，放棄在法國念電影的學業，選擇回來台灣，就是因為法國的教育讓我了解到，如果我想要講出動人的影像故事，我需要的不是向外追求，而是要回頭深入認識養育我的歷史文化。我想更認識我成長的這塊土地，眼前這個工作，似乎可以帶我進一步碰觸台灣「看不見」的那一塊，是我以前不曾探索過的領域。

最後我答應加入他的紀錄片團隊，經過兩年的拍攝，成品就是在二〇一八年上映的《看不見的台灣》。這部紀錄片的發展很神奇，我們原本是想拍攝在台灣的一群薩滿，但是後來整個超展開，變成處理導演自己家族的業力，以及協助鄭成功轉化晉升的過程（這部電影已經在 Disney+ 上架，歡迎有興趣的人去找來看看）。

雖然我的成長過程中接觸過許多宗教，但媽祖或耶穌基督對我來說，比起神明，更像是神話人物，因此也可以說我是無神論者吧。然而，在拍攝這部片的過程中，最讓我感興趣的就是那些「通靈人」了，因為她們真的太詭異……不，是太神奇了！一群聊天的歐巴桑，她們口中講著奇異的語言，卻氣場強大彷彿明星登台。拍攝初期我時常捧著攝影機在心裡問：「這是真的還假的？我到底在拍什麼？」

這些通靈人就像收音機，能夠在不同的神明頻道之間轉台，接收不同的訊號源。在《看不見的台灣》裡就出現了「鄭成功頻道」、「媽祖頻道」、「九皇子頻道」和「祖靈頻道」，通靈人能切換頻率，讓不同的神明與我們溝通。

乩童、尪姨、薩滿、祭司等，雖然稱呼、文化、所做的儀式大相逕庭，但是做的事情本質上是一樣的，就是「溝通與協調」。這些通靈人是「看得見」與「看不見」兩個世界的中介者，協助人們將困境傳達給神靈、舉行儀式轉化巨大的傷痛、擺渡受困的靈魂進入下個階段等，都是透過傳遞訊息的方式，達到轉化與和諧的目標。

在《看不見的台灣》中出現了多位通靈人，有九皇子（玉皇大帝的第九個兒子）的傳訊人「寶貴老師」、西拉雅族的尪姨[1]「秋燕」、媽祖的傳訊人「美玲老師」，以及負責翻譯的薩滿「貫譽老師」（我們都習慣叫她貫老師）。

事實上，大部分通靈人講的是「天語」——天語是靈語（靈的語言）的一種。如果靈語的來源是某個宗教裡的神明，就會被稱為「天語」；如果來源是不知名的靈體、外星人或阿飄，通常就會被稱為「靈語」。

由於天語聽起來就像某種沒人學過的外國語言，這時就需要有人即時口譯，而貫老師就是那位「口譯員」，在拍攝期間成為我們劇組與神明之間很重要的溝通橋樑。她曾說過，當神明附在通靈人身上說天語時，天語不像英翻中，可以一對一的對應語詞，而是她會收到一段「訊息波」，然後根據自己的知識資料庫，將訊息轉譯成人們可以理解的話語，因此她的翻譯包括了國語、台語、英語，還可以引經據典——這代表鄭成功或媽祖即使會說英文，也不用太意外，因為比起逐字逐句地去比對訊息的內容，更重要的是我們對訊息的整體理解。

有時，也會發生天語的內容超出了貫老師腦中的資料庫範圍，那種情況就像聽到一串陌生音調，你念得出聲音，但不知道什麼意思，也不知道怎麼寫。這時貫老師就會請身旁的吃瓜群眾趕緊上網搜尋資料，神奇的是，竟然最後都能對應得上。

而且，不只通靈人，神明後來也成為我們劇組的好朋友。尤其是九皇子，祂非常關心這部紀錄片的拍攝進度，祂時常在一天的拍攝收工後，透

1　尪姨為台灣原住民西拉雅族傳統祖靈信仰文化中的祭司。

過寶貴老師傳訊，跟大家討論後續的拍攝方針，儼然是劇組「看不見的顧問」，所以後來我們都叫祂「小老大」。祂有時甚至會跑到剪輯室裡盯剪，讓剪輯師常常覺得有人在陪他……（看來是「看不見」的陪伴）。

在拍攝《看不見的台灣》之前，我確實對通靈是抱有疑問的，可是在貼身記錄通靈人的過程中，我真的被這些神明訊息裡的智慧給說服了，訊息的高度跟人的視角完全不同，傳訊的過程中，給人的感覺也很正面、喜悅。我開始明白為什麼大家會虔誠地信奉神明、祖靈或是任何信仰。

我相信「看不見的祂們」的確存在。

這些通靈人和看不見的世界真的令我太好奇了。通靈、傳訊到底是怎麼一回事？翻譯的運作細節是什麼呢？片中的神明都是道教系統，那基督教呢？伊斯蘭教呢？天堂與地獄真的存在嗎？……

我心中有一萬個為什麼，因為拍攝《看不見的台灣》，我打開了一扇好奇心的門。

神明是西瓜牛奶？

《看不見的台灣》製作完成時，我們劇組到拍攝過的廟宇向神明稟報：「片子完成了，要上映囉！」當我們在台南的開基玉皇宮參拜時，玉皇四殿下突然傳訊，祂告訴我們九皇子原來是「玉皇四殿下」與「太陽星君」的合靈，也就是玉皇大帝第四個兒子與太陽神的合體。而且因為遊走人間濟世需要交通工具，所以龍龜「贔屭」[2]成為祂的座駕。

2 註：字音為ㄅㄧˋ ㄒㄧˋ，形似龜而善負重，故常用來馱碑，台南國定古蹟祀典大天后宮前就有一對。

這個訊息翻譯出來之後，我想了好久，最後才終於想通。人類只能透由生殖後代來結合兩人的DNA，但神明彼此之間的合靈與分靈似乎更為自由。就像西瓜跟牛奶混合在一起，就可以變成西瓜牛奶；如果酪梨和牛奶倒在一起，就成了酪梨牛奶。

同一份西瓜牛奶，還可以再分裝成好多份。再者，不同地區的西瓜牛奶，因為原物料和風土民情不同，所以味道也呈現各自的特色。

就像白沙屯媽祖與大甲媽祖，都是湄洲媽祖這份「西瓜牛奶」分裝出來的分靈體。但前者是「最有個性的媽祖」，進香想去哪就去哪，說走就走、說停就停，祂的鑾轎是「粉紅超跑」，讓信徒如苦行僧在後追趕，像是在鍛鍊信徒們的體力與意志力；而後者則像「熱情慈愛的大姊大」，進香路線一定會事前規劃，善於經營人際與神際關係，每年遶境像巨型嘉年華，有百萬人參與，更被Discovery探索頻道列為世界三大宗教盛事之一。

我曾參與過這兩位媽祖的遶境進香，也曾在祂們的廟宇裡誠心敬拜。祂們都有極大的愛與慈悲，但給我的能量感受確實很不同，兩廟的主事者風格也大為迥異。

所以，雖然都是媽祖，但不同地區的風土民情，確實造就了各自的神格特質呀。

第2章
靈魂姊妹

每個人天生都有一個靈性上的偏好，這個偏好促使有些人信媽祖、有些人信耶穌、有些人則成為了貓咪教的信徒。由於我們各自在靈魂的旅程擁有不同的屬性，最後也走出每個人獨特的道路。

《看不見的台灣》殺青一個月後，海哥突然打電話給我，再度向我提出拍攝邀約：「既然紀錄片已經順利殺青了，妳願意再拍下一部嗎？妳還想繼續探索看不見的世界嗎？」

我想都沒想，立刻回他：「當然好。」我們都知道這個旅程還沒有結束，有很多事情正在發生，好奇心的門才剛打開，當然要踏進去探險一番。

這次他打算以兩名女性為主角，拍攝一部新的紀錄片。這兩人在前世是姊妹，在這一世呢，姊姊是麻瓜，妹妹則是通靈人，就姑且稱她倆為「靈魂姊妹」吧。他簡單介紹人物背景後，突然丟出一個我沒想過的問題：「這一次，我想要找妳當導演。」

「蛤？」我頓了一下，腦中一片空白。怎麼會問我？我又沒有當紀錄片導演的經驗，我做不來吧？導演要很擅長溝通和整合，我做得來嗎？……

就在遲疑的片刻，突然有股莫名的興奮像電流穿過我，讓我脫口而出：「好啊，沒問題。」

掛了電話，我還沒從震驚中回過神來：「咦？我剛剛是不是被誰附身了？」那個沒來由的信心完全不合邏輯，但內心又有一種難以忽視的澎湃感。我雖然有不少擔當攝影師的經驗，但是對於要當導演，還是有點慌張。尤其，我一直覺得自己不擅於表達情感，身為導演卻必須不斷整合內在感受跟其他人溝通。對於接下來會遇到的挑戰，我想到就覺得焦慮。然而，心中有另一個聲音又告訴我，經驗只能做中學，穩住自己吧。

總之，事情就這麼定案了。

二〇一七年十一月底，在海哥的安排下，我和這對靈魂姊妹終於要碰面了。去之前海哥一副神祕兮兮的樣子，對於我的提問一概不回，只說：「去了，妳就知道了。」

於是我帶著簡易的攝影器材，依約來到一個結合咖啡館的藝文空間，午後的陽光灑在木頭桌上，淡雅簡潔的空間點綴著盛放的花朵，非常舒服。我走上二樓，映入眼裡的是純白牆壁和淺色木地板組成的大空間。

我看到已經有一群人圍坐在地板上聊天，從人群裡我認出一張熟面孔……咦，這不是曾寶儀嗎？怎麼會出現在這裡？之前在拍攝《看不見的台灣》的時候，寶儀因為是海哥的伴侶，經常來探班，我們並不陌生，我跟她打了招呼。然後旁邊有一位長髮飄逸、很有氣質，給人感覺有點像歌手安溥的女性，是通靈人 Asha。

我加入這群人，圍坐在一起，腦中還在理解狀況，Asha 突然開始對我傳訊：「這位妹妹，很高興第一次跟妳見面，我是帶領 Asha 的『CD存有』……我們每一個訊息都是透過『白長老』，也就是 Asha 的精神導師來傳遞。」

噢，天啊，才結束鄭成功，現在這位是……「CD存有」？還有什麼「白長老」？我腦洞越開越大，一發不可收拾，一萬個為什麼已經變成一百萬個為什麼。

Asha 繼續傳訊：「妳要非常非常扎實地站在現在的位置，每一刻的學習都是在加深妳生命的智慧，也就是妳工作中所要傳遞的訊息。妳的靈魂曾許下願望：『我希望我這輩子可以在更無我的狀態，為世界創造某些色彩。

因為我的無我，所以我允許宇宙能量以及所有家族靈魂能量的支持，讓我在有形空間創造一個無形世界的劇本。』其實自我的退後跟沉默，就是真正的表達……很抽象嗎？」

我呆住，臉上有一個很抽象的表情。

Asha 說指導靈從我十七歲就開始帶領我，而我有三個層面的課題：第一，我必須「堅定在生命的事業開創上，不容退縮，不容改行，不容因某些現實層面的原因而改變初衷」。

第二是我的表達能力，祂說我累世不知如何綻放自己的靈魂天賦，而且習慣要對父母有所滿足與交代，因此這輩子如果要做自己，就不能如實地向父母說明自己正在做的事。「三十到四十五歲之間，是妳人生很大的轉折期，會抽絲剝繭把內在的深度展現出來。威武不能屈，不要在意他人的眼光，不為五斗米折腰。」祂這麼說。

第三是「有一個人將會出現，他內在那份無私的品質，會讓妳的工作達到一個新的高峰。妳會需要面對眾人，需要很多時間，不會一蹴可及。但妳的內在有很寬闊的部分，是前世累積而來。很多貴人會因此一直出現，但妳目前還很年輕，要一步一腳印慢慢走。」

然後 Asha 還說，高靈們告訴她，其實我的指導靈就在我身旁。……等一下等一下等一下，這些訊息量有點太大了。

光是上面的訊息，應該也能發現 Asha 跟我之前認識的通靈人很不同。他們雖然都是通靈人，但是他們分屬不同信仰、不同系統、不同世代，因此他們傳遞的訊息、做事的方法也完全不同。

首先，Asha 不需要搭配一個翻譯，她可以直接解讀訊息；第二是她可以接訊的對象很廣，不局限在某個宗教或神明，從白長老到森林的能量，都可以透過她來說話。當她通靈時，就像接到一通來自高靈的來電，她傳訊時輕鬆寫意的態度，好像她只是在跟你轉述電話裡的內容。處理事情的方式也很不一樣，比起大排場的法會，她用一種更輕盈的方法協助人，這似乎讓問題也變得沒那麼沉重了。

雖然通靈人都是在傳遞高靈的訊息，但給人的感覺卻有如此大的差別，我認為這跟他們的生命經歷有關，而且每個人天生都有一個靈性上的偏好，這個偏好促使有些人信媽祖、有些人信耶穌、有些人則成為了貓咪教的信徒。由於我們各自在靈魂的旅程擁有不同的屬性，最後也走出每個人獨特的道路。

即使你很難具體的描述，但你面對這些靈性系統時，自然會有一個感覺，你會覺得這個方式對你來說「比較有效」或「比較認同」。擺渡亡魂往生善處，你可以用道教法會的方式，也可以用薩滿做祝福包的方式，或是在心中禱告祝福，但是無論選擇哪種方式，都沒有好壞，只是哪一種比較適合你而已。

後知後覺的我，後來才發現：「咦，原來通靈姊妹就是寶儀和通靈人Asha嗎？」

「那由大寶來拍這個紀錄片，ＯＫ嗎？」感覺得出來，海哥詢問的對象，不只寶儀和Asha，也是在詢問高靈們。

所以我今天其實是來被高靈面試嗎？

Asha 溫柔地說：「我們很歡迎啊！」

寶儀爽朗的大笑：「怎麼有相親的感覺，哈哈哈。」

接下來，開始進入今天的會議主軸，也是眾人在此齊聚一堂的原因：傳訊會，也就是分享高靈傳訊內容的講座。當時 Asha 正與她的高靈團隊策劃一系列的傳訊會，預計在一年內要舉辦八場，並邀請寶儀擔任主持人。但在那之前，要先到歐洲去「取能量」回來。

到歐洲取能量？在我的腦海裡，開始想像 Asha 穿著輕飄飄的衣服，在宛如《哈利波特》的場景裡，舉行某種神祕儀式……話說，這表示之後我也可以跟去歐洲的「靈性旅行團」嗎？真是太棒了！

高靈

高靈就是振動頻率比人類高的能量意識體，祂們是非物質的存有，包括天使、諸佛菩薩、高次元的外星人，甚至每個靈魂的「高我」等等。高靈的共同特質是懷抱著豐富的愛與智慧，而且通常非常幽默，祂們可以透過通靈人傳遞訊息給人類，於是我們也稱通靈人為「傳訊人」。

一般來說，因為高靈的振動頻率高，與人體接觸時，我們不會有噁心、沉重、痛苦等感受，通常會感到開心、平靜、舒服。反之，比人類頻率低的能量體，像是一個帶有執念的亡魂靠近我們時，那就可能會引起恐懼、哀傷、仇恨等沉重感受。所以我們可以藉由情緒感受是什麼，來辨別我們跟這個能量體之間的頻率差異。

但是，我們並不用害怕比我們頻率低的能量體。

一個人能夠吸引到什麼樣的能量體，跟自身的振動頻率有關。如果你是一個內心有委屈的人，那麼有委屈的無形眾生自然就比較有機會來接觸你，因為祂認為「我的委屈你聽得懂」，因為你內在的委屈能夠跟祂共振，所以祂才會靠近。

但假設有委屈的你，接觸了一個有委屈的阿飄，你能夠同理祂，甚至協助祂解開心結，那麼你也可以藉此學習放下委屈，一起提升。

所以，不管是遇見頻率比我們高的能量體，或是頻率比我們低的，都可以把它運用在正向的意義上，不用害怕。

第3章

從爆胎到開天文

「坐下，妳手裡面有訊息，趕快拿紙筆，把它寫出來。」

接下來的日子，除了Asha籌備高靈講座之外，《看不見的台灣》的後續事件也還在發生。我時常帶著劇組南北奔波，一下拍西方高靈的抽象傳訊，一下又拍傳統道教的法會，蠟燭兩頭燒的情況下，不知不覺，三個月就過去了。在這段過程中，我一直在思考不同世代、不同系統的通靈訊息到底該如何整合，雖然仍懵懵懂懂，但至少確定的是——只要有事件，一定要派出攝影機記錄！

某天，我接到通知，貫老師跟寶貴老師將在工作室提供特別的諮商服務，讓一般民眾可以「與神對話」，尋求自身疑惑或困境的解答，有點像宮廟的問神辦事。

對劇組而言，這絕對是一個不容錯過的素材，但在我開車前往拍攝地點的路上，我的右後輪突然就爆胎了。當時輪胎爆裂的痕跡相當怪異，就像被西瓜刀直接剖開，破口非常細長，大約有二十公分。我第一次看到這種爆胎形狀，不寒而慄，趕緊向附近的車行求援。

我更換好輪胎，趕到拍攝現場時，「與神對話」已經結束了。我一進門，還沒來得及懊惱，寶貴老師突然開始頭痛、咳嗽連連，貫老師變得很緊張，要我趕緊坐下，並且追問寶貴老師：「祢是誰？祢是誰？」

寶貫老師的五官皺在一起，似乎很痛苦，說出一串沒人聽得懂的語言。

「我是中正橋下的冤魂。」貫老師翻譯出祂的身分後，眾人驚呼。

冤魂說，祂看到我的頭上有發光，因為想要我幫忙，所以才讓我爆胎。祂不是要我的命，只是希望可以被超渡而已。「妳的媽媽很愛妳，她在佛堂修行時一直在祝福妳。於是我想，妳可以用佛法超渡我當福報啊！」

竟然連我媽媽在佛堂修行的事也曉得，會不會太誇張？我一天到底要被嚇到幾次？

最後祂說：「妳要當導演了，只要過了我這一關，妳接下來的工作都會順順利利，否則妳就會像一直撞到玻璃的蒼蠅，前途光明卻沒有出路，在那裡搖來晃去。」（好啊，現在竟然連橋下的阿飄都說我是搖頭晃腦的導演。）

之前海哥的車子卡在鎮門宮前的沙灘，才開啟《看不見的台灣》拍攝鄭成功的一連串旅程；現在又是我遇到爆胎。看不見的朋友接連使出大絕招，攔下我們的車：「嘿，停下來，我們聊一下吧！」——這是什麼奇怪的傳承？

不過，若以貫老師熟悉的薩滿儀式結合佛法為祂辦理超渡，費用也不高，這個要求不算過分，我轉念一想，這也算是做善事吧。而且這位阿飄既然有辦法跟著我來到這裡，藉由通靈人請求協助，所謂「因緣俱足」大概就是這樣。我就答應了。

阿飄得到我的承諾後，突然跩了起來，下巴抬得有夠高：「我給妳一個機會，讓妳大發耶！妳救了我，妳就大發！」

「好啦，發發發，就靠祢囉！要把我爆胎的錢補回來哦！」我隨口回祂，眾人被我們滑稽的對話給逗樂了。

當時的我根本不知道所謂的「大發」，跟我想的完全不一樣。

* * *

又過了兩個月，在《看不見的台灣》上映前夕，我與劇組一行人再度回到台南，向眾神明稟報電影即將上映，我們到片中曾經出現的開基玉皇宮、延平郡王祠、永華宮等，請這些看不見的大大們多多關照。

進香團的隔天，我的右手腕就開始隱隱作痛，一種從裡而外的腫脹感，讓我完全沒辦法做家事，手腕一彎就痛，皮膚表面有股奇怪的張力，裡頭像是有什麼東西要滿出來。由於之前我玩極限飛盤運動時，扭到了手，復健了三、四個月都沒好，那時是貫老師幫我整復痊癒的。我以為大概是舊傷復發吧，於是我跟貫老師約了時間，再度前往她的工作室。

沒想到一進門，發現海哥跟寶儀都在，非常熱鬧。貫老師對我說：「來，大家都在！坐下，妳手裡面有訊息，趕快拿紙筆，把它寫出來。」

等等，我是不小心走到什麼整人節目了嗎？「我的手裡有訊息」是什麼意思？

「沒關係，妳坐下來。寫吧！」

我一坐下，眾人不由分說的遞黃紙跟紅筆給我。當我的手一擺到紙上，竟然非常順手地，自動書寫出三頁的「天文」。老實說，我完全看不懂我在寫什麼，但在書寫過程中，我的手彷彿清楚知道何時該斷句，何時該停筆。

寫完後，貫譽老師接著拿出黑筆，在那些看不出是什麼的線條旁，翻譯出以下句子：

吾，廣澤尊王是也，日昨見大寶為優秀之專業人才，頂輪散發出大師光芒，今一系列之特殊戲，賦予「神之手」拍～～《與神相逢之少女》系列片……以故事性的發展，闡揚人性之神奇旅程，藉本系列將大團隊推向國際化。欽此～～

中正橋下的冤魂看到我發光，要我超渡祂；現在廣澤尊王也看到我發光，要我拍戲。奇怪，我怎麼都看不到自己有在發光？

至於《與神相逢之少女》，我當時直覺想到的就是我正在拍攝的紀錄片《靈魂姊妹》，於是我開玩笑地問：「所以寶儀妳是少女嗎？」（現在想想，《與神相逢之少女》系列片莫非就是《麻瓜通靈日記》……）

更神奇的是，寫完後我試著彎曲右手，轉了很多圈，真的不脹痛了。右手腕竟然真的好了！

經過這兩年的拍攝，發生什麼怪事我都已經不再意外，但當事情發生在自己身上時，我還是嚇歪了，心裡一直吶喊：「碰巧而已吧？碰巧而已吧？這只是我運動傷害的舊傷吧？」

貫老師安慰我，她們以前也都經歷過，這就是「啟靈」的過程，寫天文不代表我以後就會成為通靈人。這是神明賜與我的靈感力，讓我在工作和開展事業上能更得心應手，「就當作妳以後有了神明的加持吧。」

後來 Asha 也說，一般人常以為通靈就是接上更高的存有，但其實通靈就是「通自己的靈魂」。像是我們突然靈光一現，想出一個超妙的點子；或是一瞬間靈感來了，下筆如有神助，其實那都是一種「通靈」。

我離開老師的工作室後，手仍然隱隱作痛，我有點分不清究竟是舊傷復發，還是訊息的能量導致，但確實有股想要書寫的欲望。回程路上，我買了一本素描本，在家裡手腫脹就寫，有靈感也寫，用紅色麥克筆大刀闊斧地揮灑。我還是不知道我在寫什麼，但每次我寫完後，手就會稍微消腫一些。

隔天晚上，我獨自在家，突然又想書寫，於是跑到書房洋洋灑灑一連寫了十幾頁的鬼畫符，停不下來，我感到一陣恐慌：「靠腰，我好像一個人在玩筆仙。」看著眼前十幾頁難以名狀的線條，亂恐怖一把，於是我用手機拍照傳給貫老師，請她幫我翻譯。

貫老師將天文翻譯出來：「開眼。赴父眼下。啟動靈。」她隨後解釋：「大寶，妳受到開基玉皇宮的召喚，玉皇四殿下要為妳正式啟靈，需要到廟裡完成手續。」

天啊！我只是想拍紀錄片探索通靈人的世界，不只海哥，連我也公親變事主，開天文？啟靈？太誇張了吧！

第4章
開啟智慧之眼

如果抱著這麼多偏見跟狹隘的想像讓我這麼疲憊，那我想試試看讓好奇心帶領我，允許一切發生在我身上，看看這條路能走到哪裡。

我問自己：「我夠不夠勇敢，把自己敞開？」

隔天一早，我帶著攝影師搭高鐵直奔台南的開基玉皇宮。這是一間歷史悠久的廟，建於明鄭時期，有三百多年的歷史，廟中有諸多神像，融合道教、佛教與民間諸神。一年四季都有祭典，十分熱鬧。

我們抵達之後，貫老師與美玲老師帶我上二樓，表情嚴肅地對我說：

「今天我們來啟靈。」

我戰戰兢兢點了三十六柱香，交給貫老師，她用香將我身體上下前後左右全都拂過一遍，過程中我很怕被燙到，很想閃避，但我告訴自己忍耐一下，想像這是我的靈性成年禮。被香洗澡之後，我擲筊杯問玉皇四殿下，禮數是否到位，得到聖杯。

得到聖杯後，我到廟裡的靜坐區靜心，胸口有一股踏入未知的興奮。漸漸地，我感覺到眉心中間有很強烈的能量聚集，此時貫老師過來關心我：「妳的手現在有什麼感覺？」

我試著擺動雙手，確認無恙：「手沒有感覺，全部都在『這裡』。」我指著兩眉之間，也就是第三眼的位置。有個約五十塊硬幣大小的力量壓在那裡，很像之前在右手的腫脹感，只是轉移到了眉心，讓我有點暈暈的。

這時，貫老師慎重地對我說：「此刻，妳會發覺妳與來之前，已經是不一樣的人。有一些不同的流動在妳裡面發生。」

隨後，玉皇四殿下透過貫老師與美玲老師傳訊：「今天是五月二十號，台灣如果選總統，就職日就是今天。所以，妳今天登上『視覺之王』的位子，接下來，妳要在這個位子上，把全世界的美與人性的美，還有看不見的世界要向人們展現的一切，透過妳的眼睛向世人介紹。這是我送妳的禮物，『智慧之眼』。

「這個禮物的能力要落實下來的話，妳可以到花東去騎單車，開啟妳的人生旅程，它會帶妳飛得更高、看得更遠，請妳準備好。」

視覺之王？智慧之眼？雖然這些名詞聽起來莫名有種復古的ＲＰＧ感，但意思是我的觀點、我的視角未來可能會有很大的影響力吧。我莫名覺得當導演這件事應該會很順利，方向更明確，因為神明都說了，不是嗎？

最後，四殿下收我為祂的義女，也就是乾女兒。儘管滿頭問號，但我有新的靠山了，而且是天界的大佬——從今天起，玉皇四殿下就是我乾爹。太威風了！

激動的心情持續一整天，回家後，我卻整晚都睡不好。有一股能量壓在我的眉心，像一隻無形的手按壓在我兩眉之間。體感太明顯，我從來沒有這種經驗。而且手又開始痛了，我只好持續寫天文。明明啟靈了，但越來越疼痛和迷茫的感覺，使我的興奮逐漸轉為惶恐。我遲疑是否要在臉書上公開啟靈的事，我感到不安，試著往內尋找毛線頭，許多想法一股腦兒冒出來：

通靈是怪力亂神嗎？

通靈就等於起乩，等於起肖嗎？

我以後會成為在地上泥坑翻滾的鯉魚仙子，還是我會穿肚兜、手操鯊魚劍，往身上斬出鮮血呢？

我準備好要成為一個有許多刻板印象的角色了嗎？

雖然我感受過神明既無私又遼闊的愛，但同時也明白社會對於「通靈」二字，仍持有負面觀感。面對不熟悉的事物，人們不了解、誤解，甚至不想了解，所以排斥。而我害怕那樣的排斥。

我明明是最想探索這些事的人，身邊也有許多通靈人朋友與導師，但我卻懼怕自己成為一個通靈人；我想讓大眾明白通靈不是怪力亂神，而是人人本有的能力，但當「能量意識體」真的來跟我溝通時，我卻成為第一位批評自己是怪力亂神的人。

此時此刻，我才發現自己的理解只是頭腦層面的理解，非常表面。

我允許自己沉在海底，面對我原本藏得很好的恐懼，關於我不敢表達的恐懼、關於我想怎麼被看見的恐懼。身為攝影師，我在邊界上來回遊走，這份工作讓我得以擴大我的視野，某種程度上，它也賦予了我很大的特權——

我可以用旁觀者的角度，進到別人的生命裡觀看一切的發生，我可以「安全」地去感受和體驗，卻不必敞開自己。我拍神明傳訊、拍通靈人、拍法會，但我很清楚那是鏡頭前的事，與我無關，但從天文到啟靈，就好像神明在告訴我：你看得再多，都比不上你把自己投入，親身體驗看看。

如果抗拒要花好多力氣，那我為什麼要一直抗拒呢？而且我身邊還有好多老師可以問，貫老師、Asha 她們都是通靈人，也沒有成為我所害怕的樣子，而且我還有天界大佬四殿下罩著不是嗎？如果抱著這麼多偏見跟狹隘的想像讓我這麼疲憊，那我想試試看讓好奇心帶領我，允許一切發生在我身上，看看這條路能走到哪裡。我問自己：「我夠不夠勇敢，把自己敞開？」

隔天上午，我已恢復平靜，心也寧定許多，寫下一行短短的天文。幾天後，貫老師當面幫我翻譯：「義女，父來看不錯的妳。」

欸，你們會不會跟太緊？我還有隱私嗎？

自由書寫練習

雖然不是人人都會寫天文，但自由書寫誰都可以做。

當我發現自己陷入困境、正在鑽牛角尖的時候，我就會利用自由書寫，幫助我釐清自己的思緒。當我發現自己陷入困境、正在鑽牛角尖的時候，我就會利用自由書寫，幫助我釐清自己的思緒。例如近期某次和動物溝通師春花媽拍攝時，她對我說道：「其實妳沒有真的信任妳的指導靈分多奇吧！」我以為我把分多奇視為閨密，但其實我還是不夠敞開，還是有所懷疑嗎？這讓我有點受到打擊，錄影結束後，我就開始坐下來，自由書寫。

我開始回想，聽到春花媽講這句話時，我的感受是什麼，然後開始寫。寫完後，我問自己為什麼會有這種感受，針對這個回答，我再提出下一個想要問自己的問題。

自由書寫唯一的技巧就是要誠實，你必須完全理解，這是只給你自己看的東西。遇到沒有辦法順暢寫出來的時候，就做一個深呼吸，做完以後，再問一次自己這個問題，並抓住第一個冒出來的想法——它可能只是一個片語或是單詞，但無論如何，這就是關鍵詞，把它寫下來。

全部寫完以後，你再回頭看，就會發現你寫下來的這些想法，會有重覆出現的字詞，那就是重點。對此，你都可以提出反證，例如我很喜歡尋求解決之道，因此我不免覺得，為什麼高靈的訊息往往都不夠實際、有點虛無飄渺呢？但轉念一想，的確，訊息通常不會是一個明確的答案，因為訊息的本質在於傳遞核心，讓接受訊息的人們可以由內而外的產生改變。也許，對時間有限的人類來說，「頭痛醫頭、腳痛醫腳」可以解決立即、當下的困境，但對於擁有更高視角、不被時間局限的高靈來說，讓你不再陷入惡性循環，協助你清理靈魂累世的課題，可能才是最重要的事。

就像這樣，你可以一直去反駁你自己，然後你就會看到那個矛盾之處。而當你看到矛盾之處的時候，你就會發現，原來我是有選擇的，原來這件事還可以從另外一個觀點去看。

這就是一個看見的開始。

PART 2
訓乩

第5章 靈性旅行團

從宇宙的角度來說，如果你希望直覺更開闊、靈感更通透，你就應該把自己打開給宇宙的萬事萬物。你一旦將自己打開，就是「通靈」的開始。

啟靈後沒多久，我就跟著 Asha 去歐洲取能量了。

這一趟英國加冰島，加起來超過半個月的靈性之旅，是我第一次跟通靈人出遊，就結果而言，也是一次令我印象深刻的旅行經驗。因為每一天真的都是「冒險、驚奇、新體驗」。

例如 Asha 說，高靈告訴她此行要去重要的能量點——英國巨石陣和冰島取能量。以高靈的角度來看，巨石陣是一處連接不同時間跟空間、遠古與宇宙中心的傳送門，因此，它可以幫助我們清理身體記憶的能量，與祖先殘留在我們身上的業力，讓這些能量可以離開地球、前往宇宙、回歸本源，而我們就可以活得更輕盈、沒有負擔。

什麼是取能量？什麼是能量點？清理業力又是什麼意思？清理業力的儀式會是什麼樣子？我帶著一台小小的單眼相機，腦中充滿許多奇幻（有時很科幻）小說的場景，並且期待自己能用「智慧之眼」親眼見證。

但事實上，Asha 只是拿著一個小瓶子，說：「走！我們去取能量吧！」就像要去超商買瓶水那麼輕鬆。

例如在桃園機場候機時，我跟 Asha 閒聊，她提到這幾天都沒有辦法好好睡覺，因為她在家靜心時，會有一些靈魂來找她：「欸！你們要去巨石陣喔？我也想跟你們一起去！我也想被傳送走。我想要昇華，我想要離開，我不想困在現在的狀態。」於是，如果 Asha 力氣足夠，就會把這些靈魂一起帶過去。

哇，這不就是超渡嗎？原來我們要去巨石陣辦一場西式的法會嗎？協助引渡靈魂，離開困境。越說真是讓我越期待了。

Asha 又補了一句：「坦白說，如果沒有高靈在守護我的話，我後面會可能帶著一操場的靈魂，飛機就會很重很重……」

我想像了一下，突然覺得變冷了起來。

抵達英國後，因為距離參觀巨石陣還有一天的空檔，我們決定搭地鐵去大英博物館逛逛。不知為何，這一天博物館特別熱鬧。來自世界各地的觀光客熙來攘往，不同語言的導覽語音在空中流竄，各種語言、穿著打扮、氣味……彷彿是地球村的縮影，恍惚間，我以為自己走進了一間香火鼎盛的國際大廟。

這是我第二次來大英博物館，但跟著一個通靈人逛博物館，絕對是獨一無二的經驗。Asha一進去，像個極受歡迎的花蝴蝶，許許多多的古文物都會召喚她，只見她說：「等一下！那邊有聲音！我找找看是從哪來的。」然後她會一邊聽，一邊往某個方向走過去，找尋那個聲音。然後過一會兒，她又會說：「那邊也有聲音！」然後就蹦蹦蹦地跑到另一邊。

一般導遊介紹的是古文物的歷史特色，帶你去的是觀光景點和美食餐廳；但如果是通靈人當導遊，她介紹的內容就會是「這裡的古物意識要提醒你什麼什麼，那個法老想說什麼什麼」，帶你去逛的也都是一些能量點或聖壇，讓我不免腦洞大開了起來，「如果去逛故宮，會不會聽到各位皇帝和大詩人們的聲音呢？」跟一般旅行團完全不一樣的「靈性旅行團」，我覺得實在太有趣了！

Asha一進博物館，便帶我們前往埃及區，最近有一位法老在跟她連結，她想試著找出祂是哪一位。Asha 循聲找到拉美西斯六世（Ramesses VI）的石像，她在石像面前闔上眼，好像在聆聽什麼般。我用攝影機側拍，發現她的眼皮一直在抽動，就像進入睡眠時的快速動眼期。三十秒後，她終於張開眼睛。我趕緊問 Asha，拉美西斯六世為什麼要呼喚她。

Asha 解釋：「這三個月來，祂一直在帶領我。祂的能量跟我們這次去冰島和巨石陣的主題是一致的，就是太陽神經叢與力量。祂在協助我可以更臣服於自己的通靈天賦，然後讓我更有勇氣，可以讓人們知道這在生命裡的意義與重量。」

她這麼一說，我才知道即使已經是一間身心靈中心的經營者、開了這麼多場傳訊會和講座、寫過好幾本書，如此經驗豐富的通靈人，對於自己的能力可能還是會有所保留，無法全然信任。「通靈到底有多難啊？」我不禁這麼想。

隨後，我們繼續在展區閒晃，走到末端時，Asha 在一個石像前又有感應，我唸出介紹牌的文字：「這是蘇美文明的人首翼獅。」

Asha 閉上眼與人首翼獅連結，接著突然轉向我，語氣完全不同：「我知道妳們在籌備第二部紀錄片，這個紀錄片被各國的神性祝福著。我想要告訴妳，妳身為導演，如果能夠向內走，妳能看到多少自己的情緒，能轉化多少，妳就可以帶給社會民眾多少。」

這段話與四殿下為我啟靈時說的，似乎隱約對得上：「妳今天登上『視覺之王』的位子，接下來，妳要在這個位子上，把全世界的美與人性的美，還有看不見的世界要向人們展現的一切，透過妳的眼睛向世人介紹。這是我送妳的禮物，『智慧之眼』。」

我突然意識到，我一直以為「看到」是向外看，看更多新事物、去更多新地方，但其實是透過向外的看見，去向內整合和轉化。重要的不是我「經歷」了什麼，而是這段經歷讓我「看到」了什麼，這才是我應該分享出去的事物。

人首翼獅繼續說：「如果妳希望直覺能夠更開闊，與妳的靈魂體有更強大的靈感，那妳可以開放自己給全宇宙。許多神性都可以協助人們開發直覺區，不只是我們在場的這些神神獸獸和埃及法老而已。即使是一隻微不足道的小蟲，都可以幫助妳。所以，敞開自己，信任所有的發生，它就會發生……」

向內走的第一步，就是「打開自己」。當你願意把防火牆放下來，放下很多既定印象和偏見，不用神明，就連一隻蟲子、一棵樹都可以教導你。再者，「願意」的力量，其實比我們想像中的更大。

比如說，我想要處理自己「容易焦慮」這個議題，因此我把它說出來：「我想要更信任夥伴一點」。雖然我不確定能不能做到、雖然我可能還是會焦慮，但光是「我有這個意願」，就讓我開始看見自己其實一直「用焦慮當作前進的動力」這個事實。

在那之前，每一次剪接師傳來新剪好的影片、每一次編輯傳來修改的文章，在我打開之前，我都會很焦慮，很怕看到不滿意的結果，甚至會開始想像要是最糟的狀況發生了，我該怎麼辦。直到有一刻，我終於被閃電打到，發現自己居然這麼「喜歡」焦慮。

我才意識到，自己真的好好笑。

其實每一次收到的成品都是很棒的禮物，都讓我很驚喜；其實我身邊有好多優秀的夥伴，協助著我，而我只是習慣焦慮跟不信任而已。那是一個習慣，但習慣是可以改的。

《牧羊少年奇幻之旅》（*O Alquimista*）說：「當你真心渴望某件事時，全宇宙都會聯合起來幫助你。」從宇宙的角度來說，如果你希望直覺更開闊、靈感更通透，你就應該把自己打開給宇宙的萬事萬物。

你一旦將自己打開，就是「通靈」的開始。

但驚喜還沒結束，當我們走到舉世聞名的復活節島摩艾石像（Moai）前，Asha 開始打手印，像在翻一本看不見的字典：「我連結到復活節島的能量，祂們想要告訴我們，祂們處於第四次元，祂們存在的意義就是連結外星的能量，以及當人們凝視祂們時，可以清理自己的喉輪……」

摩艾石像向我們解釋，所謂第四次元是靈魂層面的存在狀態。地球現在處於第三次元，當地球進入第四次元，邊界會越來越少，會更接近地球村，也會有越來越多人用心靈溝通，人們可以超越時間跟空間，看到自己生命的實相。

我好奇地問：「地球大約何時會進入第四次元？」

摩艾石像：「以現在的速度來看，其實還要滿長一段時間，大概七百至一千五百年。……但我們相信將有一個爆炸式的突破會發生，這樣會躍升得非常快……大概五百到六百年之間。」

我感嘆地說：「也就是說，我們這輩子應該遇不到了。」

摩艾石像：「妳真的確定妳在這輩子嗎？如果妳看到了生命實相，妳就會發現我們剛才講的時間只是人類的概念。在另一個次元裡，時間概念是完

全不同的。我剛才講的一切妳都可以忘記，因為它給妳局限性……」
這趟靈性之旅真的越來越有趣了，我笑了笑，一條冒險的路便向兩頭展開了。

脈輪

古印度的神祕學家認為人體有七個能量中心，以輪狀的方式貫穿人體前後，稱為脈輪（Chakra）。由下而上，分別是：海底輪、臍輪、太陽神經叢、心輪、喉輪、眉心輪、頂輪。以心輪為分界，下三脈輪代表生存本能與物質層面，上三脈輪則影響我們的精神與靈性層面。

脈輪各自的活躍度與彼此之間的平衡程度，可以反映出一個人的思想、情緒、心靈等狀況，並影響相對應的身體器官。印度的神祕學家認為，透過改變脈輪的能量，就可以改變身心靈的狀態，因此發展出許多淨化的技巧。

而文中提到的太陽神經叢，又稱胃輪，對應身體所有的消化系統，掌管自我與他人之間的評斷、自尊心，以及讓自己融入世界的能力。健康的太陽神經叢可以讓我們充滿自信，肯定自我的獨特性，無需依靠外界來定義自身價值。相反地，當它失衡時，我們容易陷入自我懷疑，欠缺意志和行動力。

喉輪則對應甲狀腺與肩頸一帶，掌管溝通表達與創造力。喉輪活躍且平衡的人，可以真實自在地表達內心想法，使他的話充滿睿智、真誠的力量。而喉輪不活躍的人，會傾向不說話，個性較為害羞壓抑。

我們隨時都可以靜下心檢查一下，自己的脈輪是否活躍且平衡，並且透過日常的靜心冥想，逐漸找回和諧的狀態。

第6章
如夢的巨石陣

我在心裡也跟著大家喊出「我願意」，意識沉入合一的能量海裡，恍然如夢……

天還矇矇亮，我們從溫布頓（Wimbledon）的住處出發，前往此行的重點——巨石陣。

巨石陣是英國十分受觀光客歡迎的景點，於公元前二五〇〇年左右建成，也是世界上最神祕的古蹟之一。平時遊客的參觀路線是在三十公尺外遠遠觀賞，可是每個月有兩個時段，開放民眾可以走進巨石陣裡。我們非常幸運，在出發前一週搶到開放時段的票，而且還是包場。

一個多小時的車程，大家都把握時間補眠，但 Asha 十分忙碌，在車上一直處於接訊狀態，她閉著眼，雙手來回擺動，好似在翻閱一本看不見的書。我見狀，也就不敢打擾她。

我們在早晨八點終於抵達園區，眾人都很興奮，園內的接駁車直接帶我們靠近巨石陣。遠遠地我就看到那裡有幾十塊巨石，長形的巨石倆倆一組，約兩層樓高，做為直立的柱子，頂上橫臥一塊巨石，像直立的「ㄇ」，圍成一個三十公尺左右的大圓圈。

巨石陣中幾個重要的位置，似乎都是用來指示太陽在夏至時升起的位置，而從反方向看，剛好就是冬至那天太陽降下的位置。有些學者認為巨石陣是觀察天文星象的地方，或是舉行宗教儀式的中心，但是迄今為止，仍然沒有人知道當初建造它的目的為何，更別說舊石器時代的人們如何將幾十噸重的巨石運到這裡。

一下接駁車，我們的靈性導遊 Asha 就像個興奮的小女孩般，往巨石陣輕快地跑去。她站在一顆巨石前，開始以不知名的語言歌唱，還夾雜著一些台灣宮廟乩童語調的天語。

我看著其他人一副習以為常的樣子，看來通靈人跑到一個地方，然後突然閉著眼睛對一顆石頭唱歌，是很正常的事情。

OK，好，我敞開、我接受。

她唱完歌，突然語氣丕變，慎重地大聲宣布：「請你們每一個人，去找一顆相應的石頭，站到它前方。」

突如其來的指令讓同行的夥伴來不及反應，傻傻的站在原地。

Asha 繼續說：「現在你們所處的位置前方，連結到宇宙的中心，這裡有各種頻率的存有互相護持。現在，在我後方，有很多我們台灣的神明。剛才在車上，我已將這本天書與當地的外星存有做了通關驗證。」

這時我恍然大悟，原來 Asha 剛剛在車上是在辦理入境手續啊！

Asha 神色變得嚴肅，對大家宣布此行有三件事需要完成，第一件事是她要幫在場的各位清理家族的業力。每個人站在屬於自己的石頭面前，以承天的意願將雙手打開，朝向天空。接著，感受雙腳踏在巨石陣的土地上，連結大地之下的地心存有，讓自己成為天地之間純淨的通道。並且想像從自己的肚子，也就是臍輪的位置，讓能量流動出去。

我心想，接下來就要開始「超渡」了吧，而我們每一個人都會成為這個擺渡人，引領自己的祖先跨越課題。

這時，Asha 從背包取出從台灣帶來的能量瓶，擺在一顆巨石前，再度歌唱。只是這一次不像是為了傳遞訊息，她那出神的忘我狀態，更像某種獻給高靈的儀式。

陰冷的天空開始出現鳥群，盤旋在我們上方，歡欣鼓舞地鳴叫，就像在歡迎我們的到來。

同行的團員此時也一一找到屬意的石頭，Asha 輪流走到團員面前，傳遞給每個人的訊息與祝福。然後，Asha 拉著我往另一個方向走，我被拉到兩根石柱前，柱頂的橫石已經不在，散落在一旁。

「時間有點趕，我先幫妳處理。」Asha說完，就閉著眼，雙手抓住我的肩膀，前後搖晃，力氣大到不像她平常的樣子，我努力試著平衡自己，以免跌倒。

Asha開始使勁將我的身體往左彎：「我要把妳的靈魂左右弄平衡。」我的身體似乎長滿了許多看不見的蓋子和旋鈕，她開始從我右肩與頸後拿出看不見的東西，沿著我的脊椎往下送。然後走到我的身後，左手壓我胸口，右手拂著胸口後方的背，眉頭一皺，從我背後用力拔出一物，往下送。接著，她的右手使勁拍我的背，「啪」、「啪」、「啪」、「啪」、「啪」。

我心跳加速，怎麼比我想像的還要嚴肅？

最後，Asha從我的第三眼轉出一個彷彿拳頭大螺絲的物體，並放進我胸口：「妳坐下。」

我不敢遲疑，馬上坐下。

巨石陣透過 Asha 傳訊，正氣凜然的語氣，宛如一位古代的祭司：「歡迎這些能量進到妳全身，想像妳的頂輪開啟給無限寬廣的宇宙……」

一會兒之後，Asha 總結：「我只給妳四個字：『馬到成功』。」

說完後她忽然回過神來，「唉唷，太嚴肅了吧！好害羞喔。」

當大家都處理完後，她邀請每個人到巨石陣的一角，圍圈坐下。她再度閉上眼，開始傳訊：「個人的問題都處理完了，接下來就來處理你們的集體包袱。在你們所處的國家裡，有一個沉重、集體的包袱壓在你們的胸口上。這個包袱是關於一個小島在茫茫大海中求生存的記憶，也是阻止你們在地球遊走的障礙，讓台灣無法成為地球村的一份子。

「但我知道你們來到這裡，就是希望在靈性的世界裡，沒有那麼多區隔與分別。現在你們所在的地點，是巨石陣通往宇宙能量的漩渦點，當你願意讓自己成為地球村的公民，你們就會被吸引來到這裡。今天，我們透過這裡的能量漩渦，把這個包袱丟出來。」

Asha 開始歌唱，歌聲婉轉柔美，與上方盤迴的鳥鳴合奏，我默想著台灣的複雜歷史和無法融入的處境，感到一股從未體驗過的神聖感受。同時又忍不住分心想著，此時此地，我眼前的一切雖然不明所以，卻令我感動莫名，但不曾身歷其境的人呢？只能透過影片認識我們的觀眾呢？我該怎樣把看不見的東西連同這份感動，傳遞給鏡頭外的人呢？

Asha 繼續傳訊，「要有信心，當你感覺身體正在向宇宙開放，你的生命就不會有束縛、分離、痛苦，因為你與自己的宇宙神性同在。請你們永遠要記得，我們不會追求『愛』這件事情，因為『愛』是一個內在的散發，它不追求，只是不斷地創造、不斷地綻放。」

最後她說，在剛才的過程裡，巨石陣已經將這輩子阻止我們學習的那些強大印記拔除，透過外星朋友們送回地心。請深深地感激這一切，也感謝各位遠道而來，將這裡的能量帶回去。這些能量從拍攝的照片與影片，也會流動出去。巨石陣能量體的願景只有一個，就是「人們可以開心喜樂地活著」……

盤腿坐在地上的我，隨著這波訊息沉浸在感恩的情緒中，感受到與東方法會截然不同的輕盈與清晰感，鳥鳴與瑟瑟的風聲在耳邊環繞，胸口一股暖流升起。

巨石陣能量體離開後，Asha 的指導靈白長老回來接手：「我把時間留給你們，然後這些存有會回到石頭裡，繼續做祂們恆定的工作。我祝福你們，謝謝你們勞師動眾來到這裡。你可以在心裡跟祂們說，『即使是台灣與我擦肩而過的同伴們，我願意給予這一份祝福，他們不會停留在謾罵與爭吵中、不會聚焦在許多的不公平……』如果你們願意，最後這短短的幾分鐘，請告訴成千上萬的宇宙存有：『我願意。』」

在場所有人深深沉浸在方才的體驗和感動之中，我想到了我的伴侶、家人、朋友，以及許許多多同樣與我生活在太平洋上那座美麗小島的人們，我在心裡也跟著大家喊出「我願意」，意識沉入合一的能量海裡，恍然如夢……

第7章
通靈初體驗

三次通靈體驗，三種不同頻率的能量體，讓我發現通靈時，原來重點不在神明或高靈，關鍵是載體，也就是我自己。

「通靈到底是什麼感覺？會有語言的隔閡嗎？通靈人需要精通多國語言嗎？身體會有反應嗎？情緒會受到影響嗎？」

去完巨石陣的隔天，我們在溫布頓借宿的屋子裡，煮義大利麵當午餐，喝著超市買來的紅酒，搭配生火腿與起司，非常愜意。我終於逮到機會，可以把這幾天累積下來，腦中海量的問題全部拋出來。

Asha 沉默幾秒後說：「樓上的說，我們去樓上，讓妳直接體驗。」

啊？樓上的說？「樓上的」是誰？直接體驗又是什麼意思？我一頭霧水，但已經習慣通靈人比起解釋更喜歡直接來的模式，於是我跟著 Asha 到二樓的客房，架設攝影機與腳架，請同行的夥伴 Claire 協助記錄。

Asha 閉上眼，坐在地毯上，用一個輕快但不像她的口吻對我說：「嗨，大寶，我是 CD，Asha 的指導靈，妳知道我們要為妳做什麼事嗎？」

我誠實地說不知道。所謂初生之犢不畏虎，大概就是我這種人吧。

CD 指著前方的地板：「我現在畫一個能量圈，我不告訴妳它是什麼。我希望妳站進來，把全身放鬆，安靜的感覺看看。」

我興奮又忐忑地走進 CD 設立的能量圈，即使我是麻瓜，也知道能量圈是一個既保護又開放的圈圈，當我在裡面的時候，能讓我的身體比較敞開，讓更多的能量進來，同時也保護我不會受到其他外靈的傷害。

但這還是我第一次走進能量圈，我閉上眼，調整呼吸，試著放鬆，沒有預設立場，沒想到等著我的，是三次完全不同的通靈體驗。

我第一次接上的，是來自低次元的「我」。

CD原本想要引導我的力量動物到我身上，祂是一隻來自薩滿下部世界（請見章末說明）的老鷹，但突然間，有另一個我不熟悉，而且很哀傷的情緒向我襲來，我不明所以。曾經寫出天文的右手腕，開始不由自主地甩動。

CD似乎感應到了，「放鬆，讓它自然跑。」

我深呼吸，放下抵抗，讓情緒深入身體，不再壓抑它。不久後，「我」低下頭，開始啜泣：「我很愛你們。」

「我有委屈……」「我」全身的肌肉緊繃，蹲下來，把自己縮得小小的，深怕被誰傷害了一樣。「我」開始抽搐，嚎啕大哭，像有著不能說的祕密。同時間，我彷彿看著那個大哭的自己，頭腦很抽離，不知道自己為何會這樣，但是當我先不要管為什麼的時候，我確確實實感覺那個「我」就存在我的體內。

CD又對「我」問了一些問題，但「我」講不出話來，只能一直哭，我的右手仍然劇烈甩動，大家發現訊息無法從喉嚨出來，趕緊找紙筆給我。「我」跌坐在地上，眼淚一直掉，快速又潦草地寫出「大家都覺得我瘋了」、「我才沒有！你們才瘋了！」、「你們為什麼要這樣對待我？」

CD說：「你是一個天才，只是沒被看到，對嗎？」內在那個委屈的「我」放聲大哭，像是這麼多年來，終於有人理解自己了。

CD後來解釋，這個委屈的能量體是低次元的「我」，是我的一部分，「我」帶著一股不被眾人理解的委屈、一個想說卻無法好好表達的阻礙。而這個能量體的委屈狀態如果繼續與我共存，會影響到我（大寶）的未來發展，也讓我無法好好表達自我，因此必須療癒、轉化這個能量，整個生命才能一起提升。這也是我首次遇到我的累世課題「委屈」和「表達」，往後還會不斷出現。

在 Asha 跟高靈好說歹說之下，低次元的「我」終於同意退出，去菩薩身邊，「我」一離開，我的喉嚨開始強烈發癢，瘋狂咳嗽到像要把身體裡的空氣全倒出來。三十秒後，我逐漸回神，恍然大悟，原來這就是附身的感覺！

我的身體是一個載體，像一台汽車。平時我開著這輛車，走路、吃飯、工作，但當有能量體進來的時候，就像我把掌握方向盤的權力讓給了祂，我自己則退居副駕的位子上，旁觀祂說什麼、做什麼。這並不是件容易的事，只要我有了想控制的念頭，就像跟能量體搶方向盤一樣，表達會變得很不順利。所以我得非常「無我」，才不會阻擋或壓抑訊息。

Asha 提醒我，不要特意追求附身的體驗，今日做這一切都是為了療癒，讓我的靈魂更通透，我還是應該把主力放在個人的創作，而非追求無形的能量附體。

理解了這些以後，我還在感受剛剛的身體和內在狀態，卻又對下一個階段躍躍欲試。

第二次接上的，是我的力量動物「老鷹」。

我依指示放鬆全身，把注意力放在身體感受上。十秒後……我臉上出現微笑，身體開始扭動。Asha 鼓勵我站起來動一動，於是我起身，在屋子裡蹦蹦跳跳，真的像隻老鷹。

CD問：「祢是誰？祢跟埃及有關嗎？還是大自然的動物獸？」

「鷹。地底來的，下部來的。」我跪坐下來，有股筆直的能量讓我不自覺抬頭挺胸、趾高氣昂，炯炯有神的雙眼直視前方。我口中蹦出片段的單字：「喜歡陽光、舒服、想出去、樹、飛。」

跟前一個能量完全不同，我的體感是很輕盈、很有自信的。

CD 邀請我站起來，讓老鷹的能量比較好接地，於是我閉著眼站起來，卻有一種很奇特的感覺，好像我坐上了電梯，突然上升到很高的地方，因為人類的腳比老鷹的腳長太多了，不習慣這種感覺的老鷹，顯得有些緊張：

「很高。好高！站起來，高，不習慣。飛高，習慣。」

接著，老鷹舉起我的雙臂，驚呼：「短！短！大寶手短腳長，怎麼飛啊！飛不起來啊！」

從剛剛到現在，老鷹的一連串發言太出乎意料，一掃剛才的沉重氣氛，所有人開始狂笑，「老鷹，祢能不能講些真理啊？哈哈哈。」

老鷹像個單純的孩子，天真的說：「我要帶大寶飛。我很帥。會飛。沒有風也可以飛。可以飛很高。看到很小的東西在地上，我都知道。可以看到山的後面。」

最後，CD 叮嚀老鷹好好照顧我，短時間先不要開放其他靈進來。老鷹一離開，原本支撐身體的直挺能量突然抽離，我立馬癱軟下來。

這還沒完，CD 最後想連接的是我的指導靈。

Asha 做了幾個手印後，剛說完「歡迎大寶的指導靈進入」，一個自信又篤定的語氣就從我口中傳出：「你好，你好。」

ＣＤ問了我的指導靈幾個問題，比如這位指導靈的專長是什麼？（是交際，協助我表達）、指導靈和我何時可以連結得更穩定？（指導靈說明年，並要我多接觸大自然）；另一個比較重要的是，在日後訓練接訊時，ＣＤ希望我和指導靈之間能設定一個暗號，「如果妳的頻率過度開放，容易有其他能量體與妳共振，會有太多干擾。」（也就是靈擾）

指導靈耿直地說：「我會讓她左耳麻。」

Asha 忍不住吐槽：「是你們兩個彼此之間的暗號，不要講出來啦！哈哈哈。」

大家被指導靈的可愛回應給逗樂了，笑得東倒西歪。指導靈也被歡樂的氣氛感染，面帶微笑地說：「我現在很開心。」

我和指導靈彼此約定好一個密碼後，ＣＤ就請祂離開。

Asha 低下頭，解開結界，彈七下手指，把我叫回來。我逐漸回神，千言萬語也抵不過一個明白。

三次通靈體驗，三個不同頻率的能量體，讓我發現通靈時，原來重點不在神明或高靈，關鍵是載體，也就是我自己。頭腦可以協助我們理解很多事情，但也會阻擋我們去感受頭腦不理解的事，當能量流動不順，通靈就很容易失敗。

可是，如果我可以放下頭腦的控制，如果我允許那些我不理解的事情在我身上發生，就會發現，我可以感知到的範圍其實很廣，包括自己的情緒感受、宇宙萬物的感受，還能收到頻率更廣的訊息等等。

原來放下頭腦的限制，就是通靈。通靈是什麼感覺，我現在完全懂了。

力量動物

力量動物（Power Animal）是薩滿信仰與原住民文化中，以動物形態存在的靈性導師。我們可以把力量動物視為我們內在的本能與野性的潛力。祂們所代表的性格與特徵，通常也反映我們自身的特質與需要學習的課題，好比老鷹有高瞻遠矚的洞察力，鹿對周遭環境有高度適應力，而蝴蝶能帶領我們蛻變。每一個人都有屬於自己的力量動物，透過了解祂，可以重新連結內在被我們忽略或需要補足的地方。

在薩滿信仰中，人類的集體潛意識分為三部分：上部、中部、下部世界。人類所居住與生活的世界，是中部世界；上部世界是不可見的命運及大靈的領域；下部世界不是地獄，而是大地之母的子宮，個人的伊甸園。這裡住著我們的力量動物，儲藏著我們兒時與前世的故事、恩典與寶藏，以及我們因為創傷而遺落的靈魂碎片。

前往冰島的兩個月前，我透過薩滿帶領的冥想旅程進入下部世界，找尋到自己的力量動物——老鷹。說來奇怪，在那之後，許多新視野被開啟：寫天文、啟靈、開智慧之眼，以及這趟奇幻的歐洲旅行……我開始學習用全新的視角看待人生旅程。

其實薩滿與力量動物的足跡，遍佈在中國的祕教、醫學與武術裡。有學者指出太極拳可能源起於薩滿召喚靈性力量的儀式之舞。而功夫武術中的虎拳、鶴拳、猴拳，則可能改編自古中國及中亞薩滿的力量動物之舞。

第8章 敞開的冰島，敞開的自己

我將注意力放在我的呼吸，慢慢地，緩緩地，身體的界線消失，腦袋也不再有想法，只剩下一種很純粹的寧靜……

能量圈的附身初體驗，就像好市多的試吃攤，試吃之後，你會想要再排隊一次：「我好想再試一次看看，還是我買一箱回家？」

我旺盛的好奇心似乎也傳達給了Asha，於是隔日我們飛往冰島與寶儀和其他團員會合後，這趟「靈性療癒之旅」也就正式展開。

冰島是一個很神奇的地方，地廣人稀，面積約台灣的三倍大，但全國人口只有三十七萬左右，比新北市三重的人口還少。

這是一個冰與火結合的小島，地形遼闊平坦，一眼望去，看得極遠，打開了眼界的極大值，與台灣的視野很不相同。我們可以在一天之內遊歷多種地貌：上午走訪冰河，下午參觀熔岩火山，晚上住在苔原頂，是生活在亞洲的我們不曾見過的景色，彷彿來到外星球般，令我讚嘆不已。

白天時，我們做很多靜心，每到一個景點前，我們的靈性導遊 Asha 會先在車上簡介——當然也是很形而上的方式，「接下來要去的瀑布是金色的能量，祂會療癒我們的太陽神經叢，我們等一下在瀑布旁健行的時候，不用思考太多，把意念放在太陽神經叢，感覺它是緊繃還是放鬆的……」

然後，我們會在海岸邊、在瀑布前、在山上感受大自然給予的能量，一起靜坐。這是我第一次在走訪旅遊景點時，不是在看風景、拍照或聽導覽，而是一直在感受環境、打開自己。Asha 則是抓緊時間與當地的靈性存有連結，打招呼或傳遞訊息等，以及採集神聖能量，將能量收進瓶子裡。

晚上，我們輪流做「能量排列」，它有點類似心理治療領域會使用的「家族系統排列」（Family Constellation），參與者會代表某特定能量狀態，與當事人互相排列站位，並且透過語言或動作表達該能量狀態的訊息，試圖找出彼此之間失衡的能量，讓和諧的次序能夠恢復。我們可以這樣想像：當我們代表當事人的某個能量狀態時，是打開我們的靈性天線，用身體作為感應器和表達器，直觀地把感知到的所有訊息告訴當事人。

Asha 的指導靈團隊負責主持每一場「能量排列」，祂們會像之前在英國那樣，畫出一個看不見的能量圈，然後讓幾位同行的團員進去裡頭，通常一位是本人，而其他參與者則代表這個人相關的能量體，不限於指導靈、祖先、家人或力量動物，各式各樣的東西都可以，例如金錢課題、疾病等，像我有次還扮演過一把火呢。

但即使如此，我還是把自己當作一個幕後的工作人員，只是時不時地會被 cue 上台而已。因為進到能量圈裡，說出感受，這件事所有人都做得到，我完全不覺得自己是在通靈。

就這樣到了第三天，當我們在斯奈山半島（Snæfellsnes）的海岸線健行時，Asha 突然宣布：「前幾天只是暖身，現在要開始團隊工作了！從今晚開始，我們會創造一個緊密的能量團隊，在被保護的狀態下，有些人可能會被開啟或療癒。」她請寶儀挑一個地點，讓大家可以坐下靜心。

寶儀花了大約三到五分鐘，憑直覺找到一個她屬意的海岸角落。找到之後，她揮手示意大家走過去。我們十幾個人一起坐在火成岩灘上，面對海洋靜心。

Asha 開始傳訊，她的語氣瞬間變成一個天真的孩子：「各位朋友大家好，我們很高興代表斯奈山半島的靈性來歡迎各位，在我們的國度中，我們是一群團結的精靈。」

啊，原來是精靈來了，靈性之旅要正式開始了嗎？我緊盯著鏡頭，深怕錯過任何一個畫面。

精靈說：「在這場風雨中，看到大家願意安靜下來，我們覺得很開心。在這裡，我們不稱『靜心』，而是叫做『把身體暫時停下和休息，讓內在的靈魂與外在的宇宙互相交融對話』。內在與外在的對話裡，身體自然會形成運動，自然就會有健康的生活方式……當內在跟外在連結的時候，怎麼會有暴力呢？」

冰島精靈們繼續說著，祂們看到我們的太陽神經叢，帶著許多來自台灣的集體束縛。對祂們而言，冰島是一個穿梭很多頻率的地方，但比起國家，祂們更傾向把這塊土地理解為「一個能量交會的場域」。因為祂們認為團結應該是自由的、沒有目的與控制性的。精靈的話讓我開始思考，冰島與台灣可能比我想像中的更相像，同為海上的小島，同樣擁有多元文化和地貌，各種頻率在此得以交會和對話……

在出發以前，我對冰島的想像只是電影《白日夢冒險王》（*The Secret*

Life of Walter Mitty）裡的美麗景色，但親身走過冰島後，我深刻體會到的是「敞開」和「臣服」。

敞開的意思是這座島沒有在「藏」，冰島的地形遼闊平坦，一眼望去，你可以看得很遠，火山、雪山、熔岩、冰川、苔原、溫泉等各種地理景觀同時並存。在冰島，人無法獨立於大自然之外生活。每年有數個月都是永晝和永夜，時常面臨漫長冬季的挑戰威脅。就算是日常天氣也很多變，早上出門還是晴空萬里，午餐時風雨交加，晚餐望出窗外已經是一片雪景。由於「活著」的每一刻都不容易，大自然的嚴酷與善變造就了冰島人的臣服之心，擁有願意改變和調整自己的彈性，磨煉出極強的堅韌精神。

此時，Asha 突然回神：「大寶，我覺得妳可以一起靜心，這對妳會很有幫助，妳現在不用拍了。」

寶儀張開眼，對躲在觀景窗後的我微笑。這時我才意識到，這趟旅行的重點，除了拍攝工作之外，Asha 也希望我能有機會親身體驗，實際感受。

於是我坐下，閉上眼，從心輪打開一個耳朵，一波又一波的海浪聲打進我的胸口，天空落下的毛毛雨慢慢打濕身體。冰島有一種很神奇的能量，讓我們身體的小宇宙能與大宇宙交融。只要我們願意靜下心敞開自己，就能感受到能量傳遞相當容易，中間沒什麼阻礙，暢行無阻。

在冰島旅行的日子，讓我發現面對千變萬化的氣候或能量狀態，如果能夠打開心，就會看見自己的頭腦原來有這麼多限制。而每一次的靜心，都是為了讓你可以跟外在更和諧，而不是把自己變得更好，卻與外在有所隔閡。

我將注意力放在我的呼吸，慢慢地，緩緩地，身體的界線消失了，腦袋也不再有想法，只剩下一種很純粹的寧靜……事後看影片才發現，原來我們在風雨交加的海灘上，靜坐了足足有四十分鐘。

第9章

克伯與寶儀的靈魂

「妳不用要求我跟妳同在。寶儀不要害怕，」祂鄭重地說，「我們一直，一直都在一起。」

當天傍晚，我們入住阿爾納斯塔皮（Arnarstapi）小鎮上的民宿，民宿旁矗立著非常有名的巨石雕像——巴爾達爾（Bárður Saga Snæfellsás Statue）。

傳說中，巴爾達爾是斯堪地納維亞國王的兒子，是巨人和人類的後裔，在九世紀末曾經治理當地，然而在他生命即將結束時，他獨自消失在永凍冰川中，既未生也未死。從此，當地人就把祂視為斯奈山半島的守護神。

聽著導遊的介紹，Asha 突然恍然大悟，原來巴爾達爾就是「克伯」——在出發前就已經跟她連結上的冰島石頭神。

為什麼叫祂「克伯」呢？因為祂常在 Asha 與朋友閒話家常時現身，帶來的訊息又極其嚴厲，像石頭堅硬又直接，所以大家背地裡都叫祂「刻薄」，幾次下來，就成了「克伯」。克伯曾說，祂不在意別人說祂刻薄，因為當祂身為人時，必須夠堅毅，才能在冰島嚴峻的自然環境生存下來，別人的眼光不重要。

這個回應，夠克伯吧？

晚餐後，Asha 請大家在民宿交誼廳集合，開始「能量排列」。一會兒之後，克伯來訪，透過 Asha 傳訊，表示今天祂會挑出兩個人，示範如何跟自身的靈魂更貼近。

克伯第一位指定的是寶儀，因為「她有很堅定的意志力與顯化能力，在座之中，她的太陽神經叢是比較開放的」。寶儀走進能量圈，閉上眼，開始打嗝，又有點欲言又止。

Asha 鼓勵她直接把話說出來，不要 hold 住。

做了幾個深呼吸後，寶儀鼓起勇氣，讓嘴邊的話能被表達，話一出口，語氣宛如沉穩的東道主：「非常歡迎你們來到冰島，謝謝你們今天在海邊的靜心。我看到你們每個人都閃閃發光。雖然你們此行的目的是把冰島的能量帶回去，但事實上，你們也把自身的能量帶來這個地方。但是有時候，可能要更覺察一些，你們跟這個島的連結不只是觀光這麼簡單，所以不要把自己視為一個觀光客，否則你們留下的，也只是觀光客的能量而已。」

哇，原來克伯去到了寶儀身上，這個語氣真夠嚴厲的。

下午靜心時，由於海浪聲很大，有人因為聽不清楚 Asha 傳遞的精靈訊息而緊張了一下，克伯也提醒我們，過於依賴傳訊者的訊息，會忽略我們自己也能夠連結的能力。「你存在什麼頻率中，就有怎樣的體會。」不要一直想著 Asha 說了什麼，而是要拋開這個依賴，讓自己跟環境全然地在一起。

克伯繼續說：「你們現在可以回想一下，應該可以想起在那個海灘時，冰島送給你什麼。那是彌足珍貴的禮物，希望你們都可以放在心裡。不管你們在哪裡，只要你想起那個當下，你就能回到冰島……每一天都是一份禮物。謝謝你們。」寶儀傳完這一大串訊息之後，仍然十分緊張，掩面低頭，「我可以張開眼睛了嗎？」

我見證寶儀第一次傳訊，樂不可支，沒想到 Asha 笑著對我說，「大寶，下一個是妳。」

我幾乎已經開始習慣隨時會被 cue 上台這件事，被點名之後，我把攝影機交給別人，鼓起勇氣再次走入充滿未知的能量圈。我和寶儀面對面，閉上眼，大約做了三次深呼吸之後，有股喜悅的感覺充滿我全身。

我笑得合不嚨嘴，「這邊真的好棒喔！好舒服。」

「你是誰呀？」Asha 好奇地詢問。

我說：「靈魂啊！寶儀的靈魂。」

蝦密？寶儀的靈魂？我忍不住分心想，可是寶儀不就在我面前嗎？這樣……豈不是「靈魂出竅」嗎？但對面的寶儀看起來很正常啊？我腦中充滿問號，然而 Asha 對於這樣的情況似乎並不覺得奇怪，於是對話繼續。

「天空好白好亮，就像我的心一樣，清澈。這裡好清澈，我整個靈魂都清澈了，洗得好乾淨喔。」這麼天真傻氣的發言，像個完全不經世事、未受汙染的純潔少女，我講完都有點難為情，Asha 也忍不住笑出聲。

「妳為什麼要笑？」我分心問 Asha，回到了我自己。但我也發現這次跟英國時很不同，傳訊狀態變得穩定許多。

我重新讓自己放鬆，再次進入傳訊狀態：「城市裡的紛紛擾擾都不會被帶過來，這裡好純淨。我好像重新誕生了一次，地球是孕育我的子宮，我是在裡面的胎兒，很有安全感。天地看出去是那麼遼闊，一望無際，我卻感覺被包裹著，很舒服。

「我太感動了，好想哭喔，我的天！這裡的一切都讓我太感動了。」神奇的是，當我允許這些話被說出來時，話語中的情緒也會一同感染到我，讓我的胸口也滿溢著感動。

接著，寶儀的少女靈魂說了很多關於工作的焦慮，還有做為公眾人物，必須承受許多目光的壓力，「這趟旅行，在這裡，我感覺自己是是群體的一份子，而不是需要帶領大家的『主持人』，或是眾人目光的焦點。我覺得很舒服，也不再害怕分享，有歸屬感。如果可以的話，真想再多待幾天。

「可以不要回去工作嗎？主持人的壓力好大喔。面對第一次見面的人，常常要說好多話，問好多問題。大家都看著我，好怕說錯，好怕感覺自己很笨，好怕表現得不夠聰明。為什麼？為什麼大家都覺得形象好重要喔。我也很想拋開啊！可是我被影響了，我也覺得形象好像很重要。為什麼我要一直背負別人的眼光呢？……」

寶儀的心聲似乎被講中，頻頻點頭。

「我知道我在成長，要往新的方向去，但我怕大家看到我投入身心靈時，眼光是不友善的。明明當我展現『新的我』的時候，我很舒服啊。但『形象』一直壓在我的肩膀上，我腰都站不直了。形象讓我很害怕、大眾的眼光讓我很害怕。回到家的時候，我總是在想，人家會怎麼看我。我常常必須《ㄧㄥ著，才能成為大家眼中的『曾寶儀』。」

原本低著頭的我，忽然抬起頭，看向寶儀：「但是寶儀，不要再揹了好不好？我不想再揹了。形象就讓他們去說吧，這就是我們最真實的樣子啊。形象……我們就是一直跨不過去這個坎，我好害怕喔……」講著講著，恐懼襲來，我的頭又低了下來。

這似乎講中了寶儀最深層的恐懼，她雙手掩面，開始落淚。

Asha 詢問我：「祢可以給寶儀一些建議嗎？」

少女靈魂說：「壓力來的時候，妳需要釋放。害怕別人眼光的話，就獨自找一個地方釋放。流淚沒有關係，大叫也沒有關係。釋放之後妳會明白，那是不必留在身體裡的東西。」話說到此，少女靈魂突然感性告白了起來，

「好好地愛自己，寶儀。愛妳，就是愛我；愛我，就是愛妳。我們都在一起，永遠不會分開。我真的很愛妳。」

我一方面很感動，但一方面又忍不住想：「這絕對不是我，我可說不出這種話！」

我處在暴風中心點，卻又抽離地看著她們兩位互相深情告白。

寶儀一邊拭淚，微笑對我說：「親愛的我的靈魂……我覺得很抱歉。我很抱歉，我做得不夠好。」

少女靈魂趕緊說：「不是不夠好。妳很好，妳真的很好。我們都很好。妳不要揹這個『好』或『不好』。我們不需要的東西，就丟掉、就釋放。這樣就好。」

寶儀點點頭，又說：「親愛的我的靈魂，我需要祢陪伴著我，讓我分辨哪些對我來說是不必要的。」

少女靈魂：「妳不自在的時候，窘迫或有壓力的時候，妳是知道的，不

是嗎？而妳跟我在一起時，是溫暖、開心的，妳也很熟悉這些感覺啊。我們從來都沒有分開過。妳不用要求我跟妳同在。寶儀不要害怕，」祂鄭重地說，「我們一直，一直都在一起。」

寶儀和我兩人相擁，感受到彼此深切擁抱的力道與溫暖的體溫，少女靈魂再次告白：「我好愛妳喔，寶儀。」

寶儀：「我也好愛祢喔，我的靈魂。」

此刻我內在的難為情、肉麻、尷尬什麼的，一點都不重要了。我不覺得我和寶儀是分開的兩個人，反而像是兩塊拼圖，藉由擁抱而更加完整。

第10章 我是瑪莎拉蒂，還是老爺車？

我無形中給自己設下限制：如果傳的訊息不夠好、不夠深刻，那我寧願一開始它就別來。

經歷過與寶儀同在能量圈的洗禮之後，我對能量附體的感覺更熟悉了，但仍然有很多想探討的事。Claire 是我此行的室友，也見證了我從英國到冰島這幾次的能量圈體驗，於是我們決定在旅館房內，召開「第一屆能量圈研討會」，並架起了攝影機全程記錄。

這次討論讓我更加釐清了通靈（傳訊）的一些事。例如接訊的時候，訊息開頭的字詞會在我腦海中迴盪著，假設完整的訊息是「分享是很重要的」，此時在我腦中，開頭的兩個字會一直跳出來，「分享、分享、分享、分享、分享……」，就像我眼前有個跑馬燈，不講出來，它就不會消失。直到我說出「分享」，後面的訊息才能接連不斷的出來。

因此傳訊時，我根本來不及思考，也無從知道談話的整體內容是什麼、我的立場是什麼，以及對話的走向。這樣的未知讓我感到緊張，只要我一緊張，管道就會不順，出來的訊息也會不順，像我第一次在英國傳訊那樣。

當時我光是要發出聲音、講出一個字都有點困難，有很明顯的卡頓感。老鷹來的時候，我腦中一直跳出「風、風、風、風」，但那時候我花很多力氣在質疑「這是什麼東西？室內哪來的風啊？」所以我很難順暢的講出來。（後來老鷹說：「單字是大寶講的，我講的一直都是句子啊！」——鷹哥，真是謝囉！）那時候我還沒辦法突破腦袋這一關，但訊息總是要找個出口，因此手會一直甩，有想要書寫的欲望。

體感上也有很大的差別，昨晚在能量圈裡，我可以清楚收到訊息、感受到能量體的情緒，沒有阻礙，我想除了冰島這塊土地的特性，還因為這幾天我們花了非常、非常多的時間在靜心，確實提升了感受力。

就像我前面提到的，如果我的身體是一台汽車，那當我將主控權讓給能量體，讓祂坐上駕駛座時，車子本身的性能好壞，也會影響駕駛的表現吧。這讓我想到：訊息的品質，是不是也會被傳訊人的品質影響？那我是瑪莎拉蒂，還是老爺車？

討論至此，我和 Claire 都陷入了沉思，忽然間，感覺有人在敲門。

「等等，我的指導靈好像來了。」雖然接收到約定的暗號，但我仍然說得有點遲疑。

非常好、非常好、非常好……

Claire 很興奮，但我的感覺很複雜，混合著害羞、尷尬、擔憂等各種情緒。我從鏡頭後走到鏡頭前已經很不自在了，現在還要被拍攝傳訊的樣子？我很在意傳訊時自己是什麼形象。而且，我很難確定現在腦袋裡浮現的字句，到底是「訊息」還是「我的想法」。如果我只能講出幾個字……那會不會表示我根本沒有連到指導靈？一切都是我在幻想？我一下擔心這個、一下又擔心那個，因為我真的好怕出糗。

非常好、非常好、非常好……

我開始回想那些通靈人們傳訊時的樣子，Asha、貫老師、寶貴老師……我想到她們傳訊時的強大氣場，說出那些訊息時她們的神情是多麼平靜和篤定。反觀我，我擔心自己說錯，又擔心自己說得不夠好。

我無形中給自己設下限制：如果傳的訊息不夠好、不夠深刻，那我寧願一開始它就別來。

非常好、非常好、非常好……

「妳試著直接講，不要控制祂。」Claire 引導我。

我閉上眼深呼吸，靜默許久，終於調整好心情，把腦海中的字說出來：

「非常好，今天可以在這邊跟大家相遇，我很開心。如果訊息可以讓人們得到一些幫助的話，就傳吧！不用害怕。反過來說，你們就是太多害怕了，才會阻斷訊息。恐懼是人類創造出來的，在我們的世界裡，根本沒有這種東西。我很愛你們喔。」（我忍不住吐槽：「祂好肉麻！」）

「這些訊息有它的力量，就像把光一點點散播出去。微微的光，也能夠照亮草地；有了光，草地上的幼苗就能夠生長。所以不要害怕，跟我連結沒有什麼損失，只是提供一個不同的視角，讓你們去體會生活。你們都是很有『愛』的人，所以今天能夠相聚在此做這件事。你們以為傳訊這件事的意義很小，其實不然。從我的維度看出去，它的意義會越來越擴散，達到一個你們現在無法理解的地步。我希望你們可以放下壓力，輕鬆地體會就好，但大寶或許需要一些時間來適應傳訊的狀態，她現在還不是很疏通，主要是因為太緊張了。但非常好，非常好。」

Claire 好奇地問：「大寶是不是進步得很迅速啊？」

顯然，指導靈很喜歡冰島：「冰島的能量很好，很開闊。我今天在車上有跟大寶說，妳看外面的山，平平的土地，好廣好廣，妳只要看出去，沒有邊際沒有邊際。坦蕩蕩的，上面是天，下面是地，我全部敞開讓妳欣賞。來到冰島，就會有這樣敞開的能量，沒有隱藏。每一個人的身體、情感、思考、靈性都變得敞開，於是就有縫隙可以讓我進入。」

這時，我才突然意識到，今天我腦中的靈光一現，原來是我的指導靈在跟我說話啊！

指導靈還說，如果想要與祂連結更深，就要保持這樣的頻率，多運動、多吃蔬菜，讓身體變得輕盈，靈魂也會變得飽滿。如果吃得太多，身體就會變得沉重，感受力會變遲鈍，身體與靈魂的連結也會遲鈍。此時，指導靈話鋒一轉，感覺像是對著群眾說話：「所以我希望你們都去感受一下，今天吃下去的食物，給你的感覺是輕盈還是笨重的？會不會吃完美食大餐之後，其實覺得身體很重？如果你們想要有更多靈性上的連結，要盡可能地讓身體保持輕盈，不是不吃東西的輕盈喔，而是挑對的食物去吃的輕盈。」

「那大寶之後會成為通靈人嗎？」Claire問。

「她想傳訊的時候就傳，但她的工作還是在創作。而且，傳訊的目的不是幫人解決問題，而是分享。分享世人需要知道的事情，這個時代渴望知道的事情。她非常在意接地，那些在實際層面上、可操作或執行的事情……先這樣吧，晚安。」然後，指導靈就離開了。

我回神，直接癱軟在椅子上，搞不清楚剛剛發生什麼事。我怎麼開始通靈了？在能量圈的保護與引動下說出感受，這件事情大家都做得到。但是，離開能量圈之後，我不是應該就恢復麻瓜狀態了嗎？

尤其祂最後彷彿對著攝影機說話，對著公眾傳遞訊息那段，一瞬間勾起我最深層的恐懼：我如果講錯了怎麼辦？傳訊時，都是話跑到我嘴邊，我把它說出來而已，我根本沒有經過思考，也沒有辦法確認訊息的正確性。如果有錯呢？如果根本是我的幻想呢？這個責任太大，我揹不起。

雖然 Claire 安慰我，這些糾結是每一個通靈接訊者的必經過程，但我仍然相當憂慮，一整個晚上，我躺在床上，那個問題揮之不去——「如果傳訊人的品質不夠好，導致訊息出錯了，怎麼辦？」

第11章 訊息沒有標準答案

我們每個人都內建了GPS導航系統，但是它的音量非常小，需要我們主動靠近它，然後用心聽。

跟 Claire 討論後，我越來越佩服 Asha 在眾人面前傳訊的勇氣。身為通靈人，做為能量體與未知言論的傳訊管道，真的不容易。因為管道不會曉得自己傳遞的訊息是否正確，會不會誤導眼前的人，以及如果核對答案時發現錯了，怎麼負責？所以我當時認為最保險的方法，還是在人前閉上自己的嘴巴，當個凡人比較安全。

然而，事情顯然不像麻瓜想的那麼簡單。

這趟旅程剛開始的時候，我們都好興奮，哇，瀑布欸。你看你看，冰河欸。冰島的景色真的好美喔。可是當你看了七、八天瀑布後，導遊又說，我們要走兩個小時進去看瀑布時，難免會覺得「Really？又是瀑布？」

我們的冰島之旅，不知不覺來到第八天。這天下午，我們在壯闊的冰河遺跡健行，冰河的規模非常大，一望無際，給人極度壯闊的感覺。

我心中正慶幸終於拍到不同的風景時，Asha 忽然叫住我：「大寶，妳不是一直問我該怎麼分辨『高靈的訊息』和『自己的想法』嗎？不然現在來接訊看看好了，高靈要妳練習一邊走路，一邊接接看這邊能量場的訊息。」

我曾經在二〇一六年學習動物傳心（也就是「動物溝通」），當時老師說過，人在開車、走路、念經文、冥想時，很容易接收訊息，因為訊息總是在腦袋沒有念頭時溜進來。但我只是個初學者，也沒有在能量圈裡面，這樣接得到嗎？

儘管心裡有點懷疑，但有 Asha 在，我決定放手去試試看。我試著將注意力從頭腦移到身體感受上，漸漸地，我感覺到喉嚨變得有點緊。

Asha 說：「對，祂是從這邊鑽進去沒錯，妳看，妳很敏感吧！」

每次這種時候，我的腦中總會有兩個聲音在互比大聲：「妳怎麼知道！」跟「別鬧了，碰巧矇到的吧！」但不管怎樣，我的體感與傳訊人的感應一致，多少讓我又安心了些。

我放慢腳步，想像自己是一段中空的管子，讓腦中浮現的句子直接傳遞出來，接著我聽到如詩句般的話語，從我的嘴巴說出：「我是在妳們耳邊的風、雲朵、萬物，妳在這裡所感受到的一切，都是來自於我，我將妳們擁在懷中。

「我是拂過妳們耳邊的風、搖動的小草……妳們就踏在我的身體裡，我陪伴著妳們，不要害怕，我就在妳們的頭頂上方看著妳們。我穿過妳們的身體，存在於指尖最不經意的磨擦裡……都是來自美麗的我。」此時的我，再次因自己的肉麻而感到羞恥不已。

「妳有對到頻耶……現在感覺如何？妳應該可以分辨頭腦跟訊息的不同吧！」Asha 跟我確認，「我擅長接到療癒型的訊息，而大寶妳則是接到創作型的。我們每一個人可以接到的訊息頻率都不同。」

我點頭，「可是我以為，我可以跟妳『對答案』，比如確認我的訊息跟妳接收到的訊息是不是一致……不是這樣嗎？」

「不是。我就知道妳會問這題。」Asha 耐心地跟我解釋，「我只是看到能量透過妳傳遞出來，如果妳說的話是頭腦想的，就不會有能量出來。而且我剛才突然明白，妳現在接的頻率跟我不同。每個人都有自己的接訊通道。」

但我仍然不死心，訊息怎麼可能沒有統一答案：「那如果是為某神明或高靈傳訊，這種特定能量體的頻率訊息，是有標準答案的嗎？」

Asha 想了想，說：「對我而言，它可能是『敞開』，對妳來說是『風』。但這兩個都是對的。每個人能接到的頻率不同，傳遞的訊息也不同，這不是很美嗎？」

我有點焦慮，那我該如何知道訊息是對或錯呢？或者，我真正想問的是：我真的會通靈嗎？

「因為接收者自身的頻率不同，訊息的確**沒有標準答案**。我們不會有『唯一的正確答案』，也沒有任何人可以翻譯我。我們一路走了這麼遠，就是要告訴妳：每一個人接應的頻率都是不同的，沒有人能取代妳。」Asha 最後這麼結論。

在《看不見的台灣》殺青後，海哥曾經想聚集全台灣各地的通靈人一起來PK，好比「大甲媽祖」的通靈人vs.「白沙屯媽祖」的通靈人。方式是讓雙方闡述同一個主題，並且核對彼此的答案，就像「台灣版的通靈人大戰」。但經過幾次接洽後，所有的通靈人不約而同地拒絕了他，而且告訴他，「不會有標準答案」。

當時的我不明白為什麼，但後來傳訊的經驗越來越多，我越來越同意的確如此。

訊息是由各種頻率組成的封包，而通靈人就像規格、型號都不同的接收器，只能接到符合頻率的那一個面向。因為每個通靈人自身特質與文化背景不同，所以能接收的頻率也不同，傳遞出來的訊息自然也不一樣。再者，抽象的訊息終究需要透過語言來傳達，通靈人只能引用他具備的語言知識庫詮釋訊息。如果訊息是一頭大象，而每個通靈人就像是站在牆後，只能透過牆上的小孔窺看大象的人，每個人看到的都是大象的一部分，但由於所處位置的視野不同、認知不同，解讀就會大相逕庭。因此，不會有一個能夠涵蓋所

有方面的訊息。正因每個人接收到的頻率有其局限性，又怎麼能說誰的答案是唯一正解呢。

既然沒有標準答案，那麼訊息到底要怎麼聽？要怎麼核對？

事實上，我們每一個人都有接訊的能力，我們內在擁有靈性肌肉，能感知能量，能辨別感受。所以聆聽訊息時，別把注意力放在字面意義上，而是放在我們的心，放鬆去感受自己是否能與這個訊息共振，彼此之間的頻率是整合與連結，還是封閉與阻斷？

我們每個人都內建了GPS導航系統，但是它的音量非常小，需要我們主動靠近它，然後**用心聽**。

情緒停看聽練習

東尼．羅賓斯（Tony Robbins）是一位美國心靈激勵大師，很擅長轉移人的情緒。有一次在大會上，一個老婦人哭哭啼啼地對他訴說自己有多可憐，「兒子都不照顧我、我的身體健康又每況愈下，為什麼我活得這麼辛苦……」滔滔不絕。

「是齁，」找到一個空隙，東尼．羅賓斯問：「阿嬤，那妳今天早餐吃什麼？」

這個問題太莫名，阿嬤一下子愣住，忘了哭泣：「呃，好像是蛋捲。」

一個問題，就把她從自憐的情緒拉出來了。

這就是注意力的轉移。

當我們陷入某種情緒的時候，往往會忘記，其實我們不會二十四小時、每分每秒地待在情緒裡。高低起伏的情緒浪潮雖然打得你很難受，但總有停下來的時刻。每當出現空隙的時刻，我會退一步，把自己的想法當成一個人格，就像《腦筋急轉彎》（*Inside Out*），在頭腦裡觀察「我的焦慮」，試圖找到它的行為模式、找出「我為什麼老是這樣？」、「為什麼那些情緒我不喜歡卻又一直出現？」的答案。

例如，當我陷入焦慮時，如果我能夠看到那個空隙，就能夠停下來，問自己：「『我的焦慮』，你為什麼要一直焦慮？你想像的那些壞事，真的有發生嗎？如果沒有，那你為什麼習慣性的焦慮？」

你會突然發現，哇，原來這只是我的一個「習慣」。如果是我自己來的話，我不會那麼擔心，可是當我必須交給別人做的時候，因為不夠信任別人所產生的害怕，引發了我的焦慮。

「這不是事實，只是一個習慣。」當你意識到這件事時，就是一個覺察的時刻。

注意情緒的空隙，停下來，仔細觀看和聆聽，你就可以發現自己的行為模式，並且跳脫出來。每一個停下，往往能給你一些很棒的洞見。

第12章 反覆出現的委屈

想說卻不敢說、擔心自己說錯、害怕造成衝突……我開始看到這些反覆出現的議題，我才發現，原來我的內在也是受傷的。

在冰島的第九天，我們去了曾被票選為全球最美沙灘之一的「冰島黑沙灘」（Reynisfjara Beach），除了特別的黑色沙灘，這裡還擁有高聳壯觀的玄武岩峭壁，海中的海蝕柱結合了精靈傳說，讓這裡成為冰島必去的知名景點之一。

Asha 照慣例，站在玄武岩壁前收集能量，她感應到這裡的能量場很特別，要我也去感受看看。於是我放下相機，站在她說的那個地點，放輕鬆，沒過多久，我原本壓抑的悲傷又要衝出來。

再一次地，我無來由地大哭。

其實剛剛在遊覽車上，我的右手又有想書寫的感覺，於是我從背包拿出幾張白紙。跟之前工整的天文不同，我這次畫出的是一些其極混亂的線條，像一種宣洩。我畫著畫著，開始有股悲傷逐漸滿溢出來。才畫幾張，我就快壓不住情緒，眼淚即將潰堤，但是我不想影響車上的其他人，所以強忍著淚水，以發瘋般的速度持續畫著。

而在岩壁前，我覺察到這個「沉重的情緒體」，好像那次「低次元的我」，但這一次不同的是，我更全然地沉浸在悲傷裡了，同時還很害怕，像是「我有委屈但我不能講，因為我講出來，我就會變更慘」，一種「有冤無處伸」的感覺。所以我沒辦法說出來，只能一邊哭得不能自已，一邊想著：「我到底還有多少莫名的眼淚啊？我能不能不要再哭了！」

Asha 在一旁見狀，直接進入傳訊狀態。她開始唱歌，並握住我的手：

「白長老說，哭很好。因為妳此刻連結到靈魂深處一個很大的創傷。這個創傷會一點一滴出來，我盡可能不以劇情框限這個靈魂創傷。一個人啟靈、開啟靈性天線後，很多舊傷口就會一個個被翻出來。所以剛才我們希望妳對著那個岩壁的能量場敞開自己，讓妳生生世世的靈魂創傷可以被釋放。妳會手寫天文，是妳的靈魂正在自我修復。靈性的世界，很難用人類的頭腦分析，妳只能讓它出來……當妳的腦袋有空間時，訊息就會出現。」

接著 Asha 又說了一段天語，隨後翻譯：「我是昨天冰河湖的精靈，妳一直在問我們『什麼是頭腦？什麼是訊息？』妳會知道的，但只有妳自己明白了，妳才可以描述它。妳會明白的。」

Asha 說要幫我處理一下，但因為岩壁前還有一些觀光客，Asha 拉著我到景觀區的角落，我們面對面坐下。

海風與我體內竄出來的寒氣，使我不停發抖。Asha 非常忙碌，一直從我的肚子與胸口拔出隱形的印記。

忙了一會，Asha 問我：「妳可以讓祂說話嗎？祂有話要說。」

「我」邊哭邊喊：「我想要離開，我想要離開……哇啊啊啊……嗚嗚嗚。」

天啊，我內在為什麼有這麼多我不認識的情緒與故事？這真的是我人生中前幾名的嚎啕大哭時刻。要不是有通靈人在一旁協助，我肯定覺得自己發瘋了！

Asha 對我說，她在我的靈魂記憶裡看到一個畫面，有一個東西插在我的背後，而我的喉嚨是封起來的。我曾經有一世是因言論而被扼止了生命，使得這輩子的我，決定要用更高意識去傳遞我的言論。

「更高意識去傳遞言論？」我試著思索 Asha 的話，一時無法理解，但我卻聽見「我」說：「我覺得有些話不能說，說了會受傷……」

Asha 回應「我」：「可是這是過去的記憶了。既然我們已經在冰島這麼多天，已經清理到喉輪了。我們能否賦予自己一個更中立的經驗？我們這輩子說話時，能更發自內心、發自靈魂的意願，這樣可以嗎？」

「我」突然像發瘋似的搖頭：「我不要待了！我不要待了啦！」

見狀，Asha 打手印，往我頭頂一拍。就像拉開浴缸的洩水閥，我吐出一口氣，咳嗽不止。兩三分鐘後，我終於平靜下來，我摸摸自己的胸口與肚子，確認那股悲傷正在逐漸離開：「祂走了。」

Asha 說，我的指導靈現在就在我身邊。較高頻率的存有靠近時，身體體感會是溫暖、輕盈的，跟剛才沉重的情緒體不同。我現在應該感覺比較溫暖了。此外，剛剛也有一群冰島精靈幫忙我，協助提升我的身體頻率，直到沉重的能量無法繼續留在體內。

我閉上眼，在心中默念，感謝冰島精靈的協助。

雖然剛剛我一直問沉重的情緒體是誰，但其實我隱約感覺到，這個「想說什麼卻怕受傷」的感覺，對我來說並不陌生。過去三十幾年來，我常常擔心自己講出來的話，會不會讓對方受傷，以及我說的話都是對的嗎？我常常花很多力氣在避免衝突，卻沒發現我的內在因此產生了很多衝突。

想說卻不敢說、擔心自己說錯、害怕造成衝突、害怕在大家面前出糗……我開始看到這些反覆出現的議題，我才發現，原來我的內在也是受傷的。會不會是這樣，我才總是容易跟這些委屈的能量體共振呢？

「我們從來就不相信人會生生世世在輪迴裡受苦，只是人把自己困在故事裡罷了。妳繼續流淚吧，這樣妳的情緒就可以抒發了。」精靈們對我說。

精靈的話讓我明白，為什麼我的靈魂創傷會在此時此地釋放。或許這裡聚集了許多看不見的祝福，包容一切的發生。能量聖地可以是一座廟宇、一片森林，或是一片沙灘旁的玄武岩壁……只要天時地利人和，一切因緣俱足時，便能觸發我們更靠近靈魂。

如果每個人都轉世過千千萬萬次，那麼多少會累積一些傷痛的能量。能量需要釋放，也不是一、兩次就能釋放完。療癒靈魂累世的傷痛其實是不舒服的，因為我們需要再一次經驗它，並且有自覺地釋放它。

冰島這兩週的靈性之旅，給我的最大體悟是，我們永遠無法得知療癒何時會發生、傷痛何時能釋放。它可能需要很多時間醞釀，也可能就發生在下一刻，但如果我們匆匆忙忙，就會一再錯失它。靈性的成長需要作為，但同時也需要等待，等待時機到來。

而當那一刻來臨，保持敞開，鬆開全身的肌肉，允許它發生，就讓生命帶領我們前進。

PART 3

登台

第13章
冒險、驚奇、新體驗

當我面對源源不絕、全新的生命體驗時，我決定先不下定論，或是評估好與壞，而只是帶著一股興奮和冒險心情往前走。

從冰島回來後，大家都很好奇我在冰島發生的事。但我對發生在自己身上的一切，其實還是懵懵懂懂的，也還沒完全釐清。直到某天，我去見貫老師，她聽說我在冰島接到了指導靈後，頓時很有興趣，「那我也可以跟祂認識一下嗎？」

她畫好能量圈，像在冰島一樣，請我站進去。我試著接訊，努力了一陣子，雖然有連上，可是我怎麼樣也說不出話，只有手一直抖、一直抖。我的體感上，台灣是一塊被狂風吹拂、頻率紛亂的土地，跟在冰島時的感覺不同，訊號變得很含糊、很不清晰，我聽不清楚訊息，也就說不出話。

後來，我把在冰島寫的那篇紊亂天文給貫老師看後，她說那個「沉重的情緒體」其實是我的前世祖先——岳飛，由於祂是被莫須有的罪名處死的，因此懷抱著「不敢表達、有冤屈難以伸張」的委屈情緒。而我就是被岳飛的這股能量包住了，指導靈下不來，才會說不出話來。

等等，岳飛？那個精忠報國、背上刺字的岳飛？我滿腦子問號。

日後我找到機會，也問了Asha。奇妙的是，她說從高次元的高靈角度來看，祂們的概念裡沒有岳飛（祂們根本就不認識這個中國人），但的確有看到我的脊椎上長出一條咖啡色的東西，與台灣這塊土地的業力連結著，在冰島時還沒有，可是一回台灣就長出來了。我就是被這個東西給限制住了，指導靈才會下不來。

同樣的能量，卻有兩種解讀。看來我又陷入了「訊息沒有標準答案」的情境中。

也許就像中醫和西醫，它們的目的都是醫治人，但治療人體的方法、看待疾病的觀點截然不同。就像感冒時，看中醫你可能會好，看西醫你也可能會好，甚至有時你不看醫生，只是吃好睡好也會恢復健康。你所要做的，就是去找到你比較認同、比較相信、對你也比較有用的療癒方式，對吧？

貫老師告訴我，如果要順利傳訊，需要以薩滿的儀式，製作十二包內含金牌的祝福包燒化，象徵化解被十二道金牌召回的恐懼，以化解祖先岳飛對我的影響；此外，我也要去跟玄天上帝請旨，才能正式在台灣傳訊。

兩位通靈人，兩種解讀和做法，但至少有一點是共通的，那就是這個能量體都帶著未解決的「表達困難」和「委屈」課題。因此，我決定用敞開、好奇的心去看待，並親身實驗什麼方法對我才管用。

於是，我來到了南投的受天宮，跟玄天上帝申請了一張「許可令」，那是一張黃紙，上頭用紅黑兩色的筆畫了（或寫了？）一些東西，但我更喜歡開玩笑地暱稱它是「營登」。就像我們現在開公司，通常需要跟政府申請商業登記，並得到一張營利事業登記證，沒想到，傳訊也有營登！因此我有時會宣稱，我其實是做通訊業的。

製作祝福包需要一點時間準備。取得營登的兩天後，我在自己家裡繼續嘗試接訊。那是一個風雨交加的陰暗下午，我照著Asha教我的方法畫了結界，慢慢的出現了某種感覺，我感覺到有個東西，或說有個能量進來了（看來有營登果然有差）。於是，我把駕駛座讓出來。

我第一個問題是問祂的名字，祂說祂叫「分，多，奇」，祂唸的方式很特別，是一個字、一個字唸出來的，這個奇怪的文字組合讓我哭笑不得，不像外國名也不像中文名，毫無邏輯，一想到之後要怎麼跟別人介紹祂，開始覺得有點頭疼。

因為我想確認祂是不是來自更高次元的指導靈，而非路過的阿飄，於是我繼續問：「請問祢是來自光的世界嗎？」祂說是。

從冰島回來後，我一直很在意指導靈分多奇提過的「要吃讓身體更輕盈的食物」，我曾經吃素一年，以我個人的經驗來說，吃素的確是比吃葷更輕盈的進食選擇，於是我問祂：「指導靈，請問豬、牛、羊等讓人類食用的動物，牠們為什麼要來地球？牠們的靈魂計劃是什麼呢？」其實我真正想問的是，吃肉會傷害到很多動物，如果不吃肉我們也能活下去，我們是不是該吃素呢？

分多奇耐心地跟我討論，祂的觀點非常新奇，這也讓我非常確定「分多奇」絕對不是我自己幻想出的聲音，因為祂的觀點我根本想都沒想過。

祂說：「選擇成為動物的靈魂，需要體驗的是『分享』，也就是說，藉由分享自己的身體，將能量給予人類，雖然肉體死亡了，但靈魂卻得以提升。而人類也是透過吃肉，把牠們的能量轉化成你們要去實現的人生，這並不是傷害。

「相反地，這是一件非常『慷慨』的事情，是你們人類無法想像的慷慨。其實人類對此的態度，只需要感謝就好，因為那本來就是動物們基於靈魂的自由意志，選擇成為動物，因為牠們需要這個體驗。而且以整個靈魂的時間軸來看，動物的一生很短，就像捐血打針，雖然刺下去的那一個瞬間很痛，但是那個痛很快就會過去。

「身為動物並不是在贖罪，也沒有比較低等。妳只需要感激地接受牠們的分享就可以了。」

我從來沒有想過會得到這樣的答案。但仔細想想，如果我們相信靈魂可以永生，死亡只是靈魂換了一件衣服，那麼也許肉體的死亡，就可以不那麼令人害怕。我思索著這個理解世界的全新角度，一瞬間突然意識到，這的確是一個不同的頭腦、不同的智慧、不同的存有。而我的通靈能力，讓我突然間多了一個「高靈版 ChatGPT」，我可以隨時隨地上線，得到一些人世間還沒有定論的觀點或資訊。

我大學時期有一任交往對象，她在無名小站（現在大家還知道嗎）上曾發過一篇文，對她來說，「人生最重要的只有三件事，就是每一天都是冒險、驚奇、新體驗。」

當我開始踏上這趟看不見的旅程後，莫名的我常常想起這幾個字，「冒險、驚奇、新體驗」。當我面對源源不絕、全新的生命體驗時，我決定先不下定論，或是評估好與壞，而只是帶著一股興奮和冒險心情往前走。

我很好奇，接下來還會有什麼新體驗，Suprise me！

第14章

和家人靈性出櫃

很多時候，你感覺自己陷在一個框框裡，但其實設下這個框框的是你自己。當我願意跳出框框，跳出我的恐懼想像，我就自由了。一些很可怕的想像，在一瞬間想通之後，就會發現那都只是偏見而已。

不過很快的，我就遇到第一個難題：我該怎麼跟爸媽說，我之後要成為通靈人了？

他們會不會覺得通靈是怪力亂神？會不會覺得我是穿肚兜、手操鯊魚劍，往身上斬出鮮血的乩童呢？還是他們會很厭煩，覺得王艾如怎麼總是這麼多「出頭」啊，同志、社運，現在又是通靈？

然而，如果要能接上指導靈，要做祝福包超渡祖先，如果我真想用這項「才藝」去做更多事，就必須要將一切，包括啟靈、寫天文、通靈姊妹、冰島能量圈這些事情，通通告訴他們，可以的話，我也希望我的家人們能一起參與製作祝福包的儀式。

即使我已經不是第一次出櫃了，「靈性出櫃」依然需要非常多的勇氣。

我在國中三年級的時候，「被」出櫃了。

我國三的時候，有個初戀女友。有一次，初戀女友的媽媽偷聽我們講電話，發現女兒跟我在交往。於是拎著她女兒衝到我家，向我爸媽興師問罪。

「我女兒都是被你女兒帶壞的。」

她媽媽在客廳大吼的字字句句清晰無比，巨大的無力感將我擊倒，我蜷縮在臥房的棉被裡低聲哭泣，像被丟入深海的垃圾。

媽媽試著安慰我：「等妳十八歲以後，我們去找專業的管道諮詢。」

爸爸說：「也許這像妳小時候學樂器，鋼琴學了一陣子，膩了，妳就不想碰了。」

我覺得自己毫無價值，即便我的學業成績再好，只要有這個汙點，我就是個垃圾。

因為初戀女友的媽媽是學校老師，所以全校都曉得我被踢出櫃子的事。我模擬考成績落後了，被叫去輔導室。老師問我最近好嗎，我說：「家裡出了一點事。」

她微笑看著我說：「我知道。」眼神彷彿在說：「我知道妳最大的汙點喔。」我真想奪門而出，但我沒有，我在她面前安靜地落淚，無法止息。

大約有三個月的時間，我會在爸媽的面前吃早餐，出門後就不再進食，刻意餓一整天，想讓自己像垃圾慢慢腐壞。晚自習後再回家，家人才不會曉得我刻意不吃晚餐。回家後倒頭就睡，不想思考，不想感受，不想與人對話。

我感到很委屈，只是如實地做自己，為什麼社會無法接受我？為什麼學校老師用異樣的眼光看我？為什麼爸媽覺得我生病了，認為我的性向只是偶發的興趣？

我的存在，本身就是個錯誤嗎？

我不知道，我的爸媽也不知道。因為我們對這個主題了解得太少，然而我們有太多的厭惡、排斥與恐懼。

其實，我覺得通靈人跟同志也有點類似，一般人對於擁有這種能力（或身分）的人，會貼上某種標籤。而我這麼多年一直在學習這件事：標籤不是被別人貼上的，而是取決於我——**我要不要接受這個標籤**。

我可以活出那個標籤之外的樣子，讓大家對這個族群有新的看法嗎？不管是宗教也好，性向也好，通靈也好，很多時候，你感覺自己陷在一個框框裡，「靈媒、起乩、怪力亂神」，好像怎麼走都擺脫不了這些框框，但其實設下這個框框的是你自己。我如果認定自己就是怪力亂神，我的所見所聞只會更加深我的信念，讓我一個字也不敢對別人說。但是當我願意跳出框框，跳出我的恐懼想像，把通靈當成是學一門才藝，我就自由了。一些很可怕的想像，在一瞬間想通之後，就會發現那都只是偏見而已。

於是，因為岳飛，我決定「二次出櫃」了。

為了讓氣氛輕鬆些，我和家人約在一間熱炒店，在金瓜米粉上來之後，我終於鼓起勇氣，對著眼前的爸媽和我弟開口。

「喔，對，爸媽，最近我去冰島拍片的時候，有發生一些好玩的事情喔。」我盡量用最不經意的閒聊語氣。

我媽回了一句，「什麼好玩的事？」

然後我就全部說出來了，全部。

熱炒店鬧哄哄的，但我爸非常安靜，而我弟滿興奮的，一副想聽更多神奇故事的樣子，我媽則是用她自己的方式解釋了我的經歷。

她說當年在醫院生我時，住她隔壁床的恰巧是一位乩童。乩童說剛出世的我，是觀世音菩薩身旁的金童玉女轉世，而這輩子我的天命，即將在三十歲之後揭曉。剛好那年我三十二歲，我媽一下子就被她自己提出的這個說法說服了，然後我爸就更安靜。

就這樣，儘管沒能邀請到我爸，但我媽和我弟很快就接受了我正在學通靈的這件事，而且願意參與製作祝福包的儀式。神奇的是，在祝福包的這件事上，我媽、我弟包括我後來邀請的朋友，沒有一個人拒絕我，大家的反應都是「感覺滿有意思的，好啊，我參加」的正面態度。

或許是因為製作祝福包，就像做金工、調香水一樣，是有參與感也很客製化的活動。

祝福包的本質，其實是為你想要祝福的對象，創造一個祂所需要的世界。一般來說，祝福包會使用各種大自然的天然材料，每個製作者在面前的四方範圍裡，專心建構出一個世界。我們想像著讓岳飛從此遠離苦難的世界，會是怎樣的世界？首先是金牌，因為祂需要化解掉對金牌的恐懼；再來是藥材，因為祂是戰士，會需要療癒傷勢；接著，我希望祂的世界是很豐盛富饒的，因此我們放了大米、小米、玉米等，象徵那是個五穀豐登的世界。最後，再透過火焰轉化，將這股祝福和能量送給祂。

也因此，製作祝福包的每一個過程，你都是「有意識」的。為什麼放金牌而非銀牌？為什麼放玉米而不是花瓣？每一個步驟都在提醒你，「我為什麼做這件事？」以及「我投入了什麼意念進去？」反覆深化下，你會變得更投入、更全然地參與這個過程。這讓祝福包儀式不只是給予亡者或他人祝福，其實也是一種為自己賦能的方式。我很喜歡製作祝福包的過程，對我而言是很療癒的時刻。

而這個儀式於我而言，也是重要的轉捩點。當天看到我的家人朋友們在那邊做「手工藝」，就是為了協助我可以在台灣通靈，既感動又好笑，但轉念一想，「通靈」開始漸漸變得不只是我個人的才藝，越來越有實感，似乎超出我原本的想像。

只是我怎麼也沒想到，九天後我就出道了。

祝福包

祝福包是南美洲安第斯山區的祈福儀式。當人們面臨疾病、痛苦、死亡等各種生老病死的議題時，薩滿使用祝福包儀式為人們帶來轉化、向神靈表達愛與感謝，並推動靈性世界與物質世界的各種議題。

薩滿可針對不同的目的定義每次的祝福包，好比向土地致謝、祈求祝福、療癒疾病、協助亡者離去、重整個人的生命課題等。

製作祝福包的時候，通常會使用各種來自大自然的天然材料，像是鮮花、種子、樹葉、貝殼，並向以酒、糖果等貢品向祖靈致意，也可以加入具有個人意義的物件。祈福者將禱告與祝福注入這些象徵物，編織成能量的包裹，帶來轉變與療癒。

貫老師在電影《看不見的台灣》中，曾為二〇一六年台南維冠大樓倒塌事故舉辦祝福包儀式，以一百多個祝福包協助亡者轉化，撫平土地的傷痛，那也是我第一次參與的祝福包儀式。

第15章 放鬆、敞開、鬆開拳頭

面對可能是我人生最重要的時刻，即將踏上徹底轉往未知領域之際，我不僅對前方一無所知，而且唯一能準備的，竟然是「不要準備」。

在《看不見的台灣》上映後，為了配合電影的宣傳，我們辦了許多場映後座談、分享會等，才發現這世界上會說天語與靈語的人，其實不少，而且很多時候就是你我身邊的一般人。頻率之高，讓我不禁懷疑是不是《看不見的台灣》的上映，在冥冥中召喚了這群人齊聚一堂呢？

由於天語和靈語解讀出的訊息，時常有異於人類視角的新奇觀點，大家對此很感興趣，因此後來我們辦了許多場主題傳訊會。當我拿到營登後，既順理成章又莫名其妙的，我也得登上傳訊會了。

對此，分多奇很興奮，祂很想上台說說話、想跟更多人碰面，但祂越興奮，我就越緊張。身為第六次元的高靈，真的知道傳訊會在幹嘛嗎？我忍不住問祂。

分多奇說：「分享體驗呀。」

可是我真的好緊張：「我不知道要分享什麼，而且我也不是『老師』。」

「放心，交給我，只要妳把自己交給我就可以了。什麼都不用擔心，妳一上去，坐在那，平靜下來，我就會跟妳在一起。妳不用思考妳要說什麼，交給我就好啦。現在告訴妳我要講什麼就不好玩了啦！妳好擔心喔！天哪！」分多奇安慰我。

我就是很容易對於沒有把握的事情焦慮啊！

分多奇快樂地說：「哎呦～可是如果你們都知道會發生什麼事情的話，

就不好玩了，不是嗎？就像妳說的，電動玩到破關後，就不會想玩第二次了。

「妳只要敞開，然後信任我，我就會帶領得很好喔，整個場子交給我就可以了！妳知道妳會發抖，都是因為妳太緊張嗎？所以我的能量要穿過妳身體的時候，就會顫抖不停。放開那些讓妳緊張的東西吧！

「地球的能量很特別，好有～實體的觸感哪。讓我的能量像海浪一樣，一波一波地進到妳的身體裡，拍打妳。搖晃，搖晃，然後風，然後雨，然後雲也動了。不用堅守那些固執，或是一定要有新的洞見。當妳給予一些空間，就能讓新的智慧出現喔。」

面對可能是我人生最重要的時刻，即將探索徹底未知的領域之際，我不僅對前方一無所知，而且唯一能準備的，竟然是「不要準備」。

我那不斷吶喊著想要控制一切的頭腦，立刻焦慮到不行。顯然，我們從小到大沒有學過這門課，我們很常被要求努力、再努力，努力到不行為止，這樣才會得到好的結果。我們習慣於處在各種競爭下，把拳頭握緊、咬著牙，晚上熬夜不睡覺，或是拚盡全力往前衝，才能贏過別人、得到好成績。可是現在，我卻「只要放鬆就好」？

分多奇說：「當妳握緊拳頭的時候，什麼都沒有辦法通過。」

好吧，那我想，是該練習鬆開我的拳頭了。

傳訊會當天，台上其他三位傳訊人一字排開，美玲老師、寶貴老師、貫老師清一色全是白上衣，穿著襯衫T恤的我，看起來就像是某個誤闖佈道大會的路人，好尷尬。一直以來，我對「權威」和「宗教」莫名的恐懼，直接又被勾起。

我要放鬆，我要敞開自己，我要鬆開我的拳頭……

主持人介紹我是「大寶老師」的時候，我又開始懷疑自己，會不會在下一刻失去通靈能力，無法接訊，只好「謝謝大家」，下台一鞠躬？

我要放鬆，我要敞開自己，我要鬆開我的拳頭……

我需要「努力」鬆開拳頭，但分多奇不同，打從一開始，祂就是用完全不同的角度在看待。祂拿到麥克風的第一句話是：「大大大大大家好！好好玩喔！好好玩喔！」

奇妙的是，在那一刻，我完全懂祂所說的好玩——分多奇思想的頻率轉換成語言，再透過我大腦的語言資料庫，轉換成地球人能懂的話語，然後話語的聲波被麥克風轉換成電波，再轉換成聲音的頻率，進入在場各位的意識中，最終變成在場所有人思想的一部分——這一連串頻率轉換的過程，讓祂覺得「很好玩」。但對我們來說，就是再普通不過的「演講」。

這是身為人類的我，沒有想過的角度，我也再次確認了，分多奇的確是透由我在探索這個新世界，這個我們不覺得有什麼特別，但祂卻能一再從中看見其神奇之處的世界。而經由祂的視角、祂的感受，我也得以用新的目光看待這個世界，祂就像小王子般，時刻提醒我，有時一件事情不一定只能是帽子，也可以是吞下大象的蟒蛇，或其它更多的可能。

事後回頭去看，當我握緊拳頭的時候，想的都是「我會不會說錯」或是「在台上出糗怎麼辦」；但當我鬆開時，發自內心流出來的那些話語，即使我根本不知道自己從哪得知，每字每句卻都能打中對方的心，產生共鳴。

這不代表「我說得很準」或「我是很厲害的通靈人」。我後來才發現到一個真相：每個人都是心想事成的，真的，每個人都是。就像在這場以及後來的無數場傳訊會上，不同的人問著不同的問題，但不變的是，他們都想要一個自己可以接受的答案。提問的人未必不知道答案，他們只是經由我（或其他通靈人）去確認他們心中的答案，我只是協助他去證實他的想法，讓他們可以更相信自己的「相信」。說到底，我們都是透過他者，顯化出自己相信的那個世界。

我聽過一個說法，拿香拜拜、法會、遶境等這些宗教儀式，其實最大的功用是「打開意識許可」，許可什麼呢？允許你自己藉由這個儀式，改變自己的舊想法。

靈性導師賽斯說：「信念創造實相。」當你不相信拜月老有用時，怎麼拜也不會脫單；唯有你相信了，才有可能產生改變。又比如，藥廠實驗新藥時，通常會安排一組實驗組和一組對照組，他們會給實驗組的人吃新藥，而對照組的人則是拿到安慰劑。安慰劑的成分通常是無益也無害，不會有任何功效，但常常盲測下來，總是會有一部份安慰劑組的人，發現自己的狀況真的有所改善。「我相信這可以治癒我，因此我就被治癒了。」到目前為止，這種現象仍然無法用醫學來解釋，只能稱之為「安慰劑效應」。

力量並不在於一顆藥丸、任何物件或宗教儀式裡，它們之所以能影響你，是因為你認可它們，並允許自己在它們面前全然地敞開，並藉此得到改變的力量。

真正能促使你改變的，不是神明或哪位老師，始終是你自己——你的意願，力量無比強大。

因此，老師也好、通靈人也好，他們都是一個標籤，我可以「不接受」這個標籤，也可以「重新定義」這個標籤。現在的我，把通靈人這個標籤定義為「水管」。

想像在你面前有一根澆花時常用的黃色水管，當我和分多奇連上，祂透由我傳訊的時候，我就是那根水管，我如果沒能完全放鬆，還有很多想要理解跟控制的時候，就像是根被緊緊掐住的水管，有很多訊息在其間流動，讓我不由得亂擺亂動，越是想控制，就越是難以控制；可是，如果我能夠放鬆，把握緊的拳頭鬆開，允許一切發生，訊息就能自然又平穩地流洩出來。

因為想控制、想理解、想要符合邏輯性的證據，所以我面對未知的時候，既恐懼又焦慮；但當我學會鬆開，學會不去聽頭腦的大聲呼叫，漸漸地，我開始聽到來自內在的聲音。

那個聲音在說：「妳要相信自己。」

第16章 神祕體驗

靈性，從來無關隱居或獨善其身，而是可以更日常、更接地氣的生活實踐。

開始通靈以後，我曾經期待會有更多神祕體驗，例如在靜心時看到一道耀眼又溫暖的白光、聽見來自更高次元的聲音，又或者哪位神祇或高靈顯現，告訴我世界的真相……。

在寫天文和啟靈這段期間，我不斷收到這個訊息：「靈魂希望能『降落』在花東，並且『把光帶到東台灣』」。我也不知道是什麼意思，但大家一起去花東玩，說什麼也要去的吧！抱持著這樣的心態，傳訊會後，我們就去花東騎腳踏車了。

出發之前，九皇子有給我一些叮嚀，祂提醒我去花東騎腳踏車時，最重要的是「No Mind」，也就是「無念」的狀態。祂要我在騎車的時候，別想東想西，放鬆和享受當下就好。

但怎麼可能不想？靈魂可是說「要降落在花東，而且要把光帶到東台灣」欸，我們整個攝影團隊都很興奮，期待這次花東之旅能夠拍到各種大景。我們有很多想像，去到花東，靈氣提升後，也許我們可以拍到某種神蹟顯現的畫面？還是分多奇會讓我看到祂的另一個形象，而不只是一團光？

當我們第二天騎到玉長公路的時候，剛好遇到一段很長的下坡，我的速度飛快，公路車的時速可能將近五十，感覺快要飛起來了，我忍不住想：「所以，要來了嗎？」我開始腦洞大開：我可以和我的力量動物老鷹一起飛嗎？還是我的第三眼會打開，突然能看到山河受創的能量？或是看到神明、精靈、龍啊、阿飄等等？即使盯著輪下的柏油路，我還是在想，又或者，會不會下一秒我就掉到宛如《駭客任務》的世界，發現世界背面的真相？

不只是我，還有我們的攝影團隊，所有人為了想要拍到神祕體驗，出動了車拍、空拍機跟拍，無時無刻都想要拍。花東的海岸線很美，遠處的藍無限延伸，陽光灑在海上，閃閃發光，但我的大腦高速運轉中，根本無暇顧及眼前這片美景：「騎太快是不是就拍不到了」、「現在好像騎太慢，大家會拍不到吧？」、「我是不是該在這邊等一下空拍機，拍起來比較好看？」

對此，分多奇說：「你們想太多了。」

對，所有人都想太多了。攝影師、副導啊，不只我一個人在想，哪來的No Mind，每個人眉頭皺得要死。

想當然，玉長公路騎完，無事發生。畫面就是我騎腳踏車，騎得很賣力，累了喝水，風景很美，太陽很大。就這樣，沒有降落、沒有光、沒有神秘體驗，**只有無事發生**。第三天我的腳還被不知名的蚊蟲叮咬，然後很快惡化，差點變成蜂窩性組織炎，每踩一下踏板，我的腳都痛到不行。拍攝只好中途喊卡。

當時所有人都非常沮喪，覺得這真是一次失敗的拍攝。那次的挫折太深刻，即使過了好幾年，我仍然忍不住會想，那趟花東之旅究竟有什麼意義。

我想暫停一下，先說一個故事：曾經有個人去上內觀課，前幾天他還算認真學習，到了第五天，老師四處走走，到每個人的小關房去個別指導。老師來到了他的門前，問他：「你有什麼感受？」

他回答：「沒有感受。」

老師驚訝地說：「是嗎？我看你滿身大汗，連衣服都脫了，不是嗎？」

他抱怨地說：「對呀，這個小房間熱死人了，害我流得滿身大汗！」

老師說：「很熱，不就是一種感覺嗎？」

這個故事是《看不見的台灣》另一位攝影師逸庭告訴我的，他曾去參加內觀中心的十日課程，除了打坐、學習內觀，每天晚上都會有葛印卡老師（Satya Narayan Goenka）的開示（其實就是聽錄音檔），這個故事是他在第四天的開示聽到的。當時他瞬間領悟到，這就是他窮盡一生所要追尋的真相，那就是**如實的生活**。

我們在追求靈性的時候，很容易陷入的盲點之一：神祕體驗。

我們一方面期待發生某種異於平常的體驗，一方面又對神祕體驗有很多既定想像。我們已經預設了「降落在花東」和「把光帶到東台灣」該是什麼樣子，因此沒有發生符合我們想像的事件，才這麼令我失望。但是，真的「無事」發生嗎？

有那麼一些時刻，我全神貫注地騎車，當我滿腦子只想著「累、渴、好熱」時，那些平時佔據在我腦中的焦慮和擔憂、那些喋喋不休的聲音退下了，也唯有在那種時刻，我才開始能夠全然地跟我的身體在一起，進而感受著與風、與這炙熱的天氣、與花東這塊土地合一的感覺。

合一，即「自己與更大的整體在融合」的感受，更常見的概念是「歸屬感」。我們透過隸屬於某個群體，如國家、社會階層、朋友、家庭、信仰，並體驗為集體目標努力而獲得「一體感」。因為對我們來說，明白「我在這世上不是孤單一人」非常重要。因此，大至參加媽祖遶境、選舉造勢，小至加入社團、臉書發文、結婚（與另一個人建立長期關係）等等，都可以是靈性的追求。澳洲心理學家史提夫・畢度夫（Steve Biddulph）更認為靈性的本質，就是「追求合一」。

因此我認為靈性，從來無關隱居或獨善其身，而是可以更日常、更接地氣的生活實踐。無論你做什麼，當你感覺自己跟某個整體同在，被無條件接

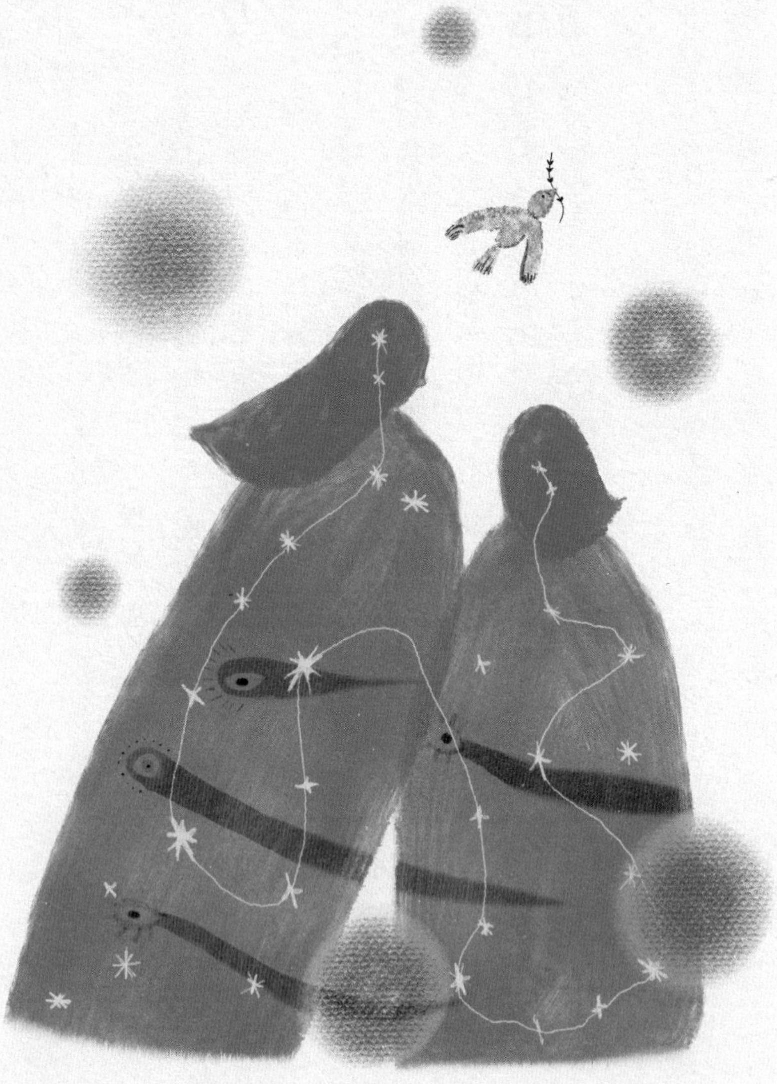

納，那就是「合一」。真正的合一，會讓你深刻感受到全然的愛，是如此觸動內心。

然而，當我一心想著「神祕體驗」時，過於目標導向的思考，並不會讓我變得更敞開，反而會錯失每一個當下。我就像匹雙眼都戴上眼罩的馬，只能看見眼前這條小小又筆直的道路，然後埋頭衝刺。我拼命想、拼命預設，發現不如預期或遇到挫折就失望不已；但其實我需要的，只是敞開和看見。世界是如此廣大，不是只有風光明媚才叫風景，也不是只有一條路能夠抵達目的地。別讓頭腦的期待擋在你與世界之間，何況，我的心就是一個永遠不會指錯路的GPS，它會告訴我哪些事情會令我感到滿足和快樂，我就往那個方向去；哪些事情讓我感到勉強又疲累，我就避免往那個方向走。

因此，我當初是多麼傲慢呀，九皇子、我的靈魂都說得如此清楚：放下妳的預設和期待（No Mind），回歸到身體層面去落實和體驗（降落）。與其說我「把光帶到東台灣」，反而是透過這趟看似失敗的旅行，讓我在多年後終於可以得到這個體悟：我如果不曾經歷過對神祕體驗的追求，我也無法放下對神祕體驗的追求。

當我握緊拳頭時，我什麼也感受不到；當我鬆開拳頭時，得到的，反而更多。

第17章
靜心

分多奇曾說過，「每個人都是多次元的存在」，而「高靈」或「指導靈」其實就是另一個次元的你，比你擁有更宏觀視角的你。這傳遞了一個無比溫暖的訊息：人，永遠都不可能是孤單的，因為另一個祢，其實一直陪伴在你身邊。

回想起來，神明之所以能透過我的手寫下訊息，以及我的身體能夠成為能量體的管道，進而傳遞訊息，契機或許是因為我接觸了靜心。

二〇一七年，拍攝《看不見的台灣》時，貫老師和美玲老師在聊天，提到了「週二晚上的靜心課」。靜心？這個新奇的詞彙引起了我的好奇。

一般人說到靜心，會直接聯想到冥想、覺察，或是打禪、靜坐，感覺上需要經年累月的「修行」或「鍛鍊」，嚴格遵守某些教條，進而提升自己的靈性層面。但我認為「靜心」不只是那樣而已。靜心讓我們把重心從「腦」移到「心」，開始覺察內在、允許外在，活出更完善的自己，至於開啟靈性天線，那只是其中一項副作用。

我非常認同史提夫・畢度夫的「四層心智理論」，他認為人是一棟四層樓的豪宅，一樓是身體，二樓是情緒，三樓是思想，四樓是靈性。

每一個人都是這四層心智的組合，可是絕大多數時候，我們只重視「頭腦」相信的價值觀，所以我們常常被困在三樓的思想層，並且誤以為三樓就等於「我整個人」。靜心的作用，在於幫助你的覺知（也就是注意力）可以在這四層樓自由遊走。

當我們學會把注意力移到三樓以外的樓層時，相當於收回了頭腦一直緊抓的控制權，然後你會發現，原來我有這麼多被頭腦藏起來的身體和情緒感受。當我們在靜心的時候，就是把這些壓抑鬆開，像打開潘朵拉的盒子，把你過去不被允許表達的東西，內在創傷、內在情緒、身體的求救訊號……等等，通通釋放出來。

我開始學習靜心後，發生一件事情時，我就不會只停留在三樓的思想層，我可以把注意力移到二樓的「情緒」，感受自己現在是難過還是憤怒，也可以移到一樓的「身體」，感受一下身體哪裡緊繃還是隱隱作痛。

如果你也想要嘗試靜心，可以試試這個方法：把你的注意力放在呼吸上面，在每一次的呼氣與吐氣之間，盡可能放慢速度，接著，你會感覺到身體有些地方是沒那麼放鬆的，這時，你就把更多的注意力放在那塊地方，可能是肩膀，也可能是胃。你去仔細感受，能不能用什麼形容詞去形容它？可能是酸、麻、脹、痛等生理感受，也可能是恐懼、煩躁、憤怒、喜悅的情緒感受。當你講對那個形容詞的時候，你的身體就會有反應，就會鬆開來一些。

這是一個練習感知身體訊息的靜心，第一次練習的人，未必能說出很精確的形容詞，但也沒關係，經過一次又一次的練習，你的感知力就會越來越敏銳。

這時有人會問，做完後感覺到身體某處很緊繃，或是藏有情緒，「然後呢？我該怎麼辦？」

沒有然後。事實上，看見就是最難的部分，你只需要覺察就好。接下來，你的身心會用自己的方式去療癒跟整合，它是充滿智慧的心智啊。

其實除了靜態靜心，我也很推薦現代人動態的靜心。因為身體動起來的時候，固著的能量也會比較容易動開來。在動態靜心時，我們最常依賴的工具就是呼吸，用快速、大量、深入的呼吸，讓你的腦袋失去主控權，進而讓你的情緒、身體、甚至靈性有機會表達訊息。

我在動態靜心的課程裡，跟其他同學一起練習放下頭腦的控制，允許情緒的、身體的、靈性的，一切受壓抑的都能浮現。於是悲傷的人放聲大哭，喜悅的人快樂跳舞，迷惘的人原地轉圈，憤怒的人跺腳咆哮。我們跟隨內在的引導，允許身體表達，讓壓抑的一切傾巢而出。有些人初次動態靜心後就去狂吐——但別擔心，你會發現自己變得更輕鬆了，因為靜心幫你把身上的限制鬆開了，允許倒出內在的垃圾。

靜心要做的，只有四個字，「放下控制」。

每週一次的靜心練習，幾年下來，讓我的感知力變得越來越敏銳，開始能明白何謂能量的流動，對於未知的事物也能保持敞開，相信萬物發生有其道理，即便當下不明白，也不糾結於先入為主的想法。

當你能夠讓注意力自由遊走在一、二、三樓時，代表你已經將身、心、腦整合起來了，這時就可以打開通往四樓的通道，也就是你的「靈性層」。從靈性的角度來說，每個人都不是分開的個體，因為我們的能量本源是同一個來源，因此，當我們把自身整合好，就可以去連結更高的源頭，擴大你的感知力。這樣的擴大，可以擴及到另一個人、動物、植物，又或者是你的指導靈或神明。

除此之外，吸引力法則、心電感應、寵物溝通、共時性，雖然內容不太相同，都是擴大感知力的表現。因為人的大腦不是一塊板子，上面有一些字，而我可以把上面的字讀出來。不是的，溝通就是對頻，相同頻率的人比較容易溝通，人與高靈（或動物、植物）也是。當你的內在振動頻率跟高靈的振動頻率調成同一波段的時候，你們就可以溝通。

而且，「感知力」也是協助我們回應外界、做出行動的工具。當你擁有感知力，能與自己的四層樓連結，你就不再需要有人指引你該做什麼、不該做什麼，你不會再焦慮和擔心，因為你清楚知道，自己的道路就在那裡。

因此，這不是什麼神通力，因為感知力是每個人都擁有的能力，我們都有能力「感受」。所謂通靈，只是善用你本有的能力而已。

分多奇曾說過，「每個人都是多次元的存在。」Asha 也說，「通靈，就是通自己的靈魂。」我的理解是，「高靈」或「指導靈」其實就是另一個次元的你，比你擁有更宏觀視角的你。如果人人都能把感知力打開，開啟第四層，就會發現身邊充滿了很多靈性存有，也可以跟其他次元的自己連結，這傳遞了一個無比溫暖的訊息：人，永遠都不可能是孤單的，因為另一個祢，其實一直陪伴在你身邊。

放下頭腦的控制，放下你對自己的控制吧。當你能夠放下控制，你會發現原來做為一個人，「我」是如此豐富且立體的存在。

絕對找得到車位的技巧

我曾經為了實驗吸引力法則，和其他四個朋友固定每周買五張樂透彩，不管中多少獎金，一律五人平分，也就是說我每周花五十元，買五次中獎的機會，並且請大家寫下中獎後想做什麼，並把這張願望小紙條放在錢包裡，時不時加強自己的「想要」。

我當時想，如果「吸引力法則」是當你很想要很想要一件東西，宇宙就會實現，那只要我們五個人都夠想要，就更容易實現吧？

這個實驗為期一年，我們買了兩百六十張樂透彩，總共花了一萬三千元，最終只中了一些小獎，連本金都不夠付。

其實在買了三、四個月後，群組裡開始出現一些負面的聲音，

「買這麼多次，怎麼連一個小獎都沒有」、「是不是因為我的衰運害到大家？」、「看來我們就是沒有這個福份了啦」。分多奇曾說過，人類時時刻刻都在使用吸引力法則，但我們吸引到的都不是我們想要的，而是我們一直相信的。當這些負面的想法加深了「我就是很衰、沒有大獎運」的信念，連帶著，我就真的成為了「很衰、沒有大獎運的人」。

我後來才發現，**宇宙其實回應的不是「你想要什麼」，而是「你是什麼」**。因為宇宙聽不懂否定句，你把強烈意念放在哪邊，宇宙就會去實現哪裡。

發生在你身上的事，不會決定你是誰；你選擇用什麼樣的心態與行為去回應，那才是你。也就是說，如果我們想要賺很多錢，那我們應該要想的是「有錢人是什麼樣的人？」可能是很會理財，也可能是很懂得投資自己，那我們要做的，是**先讓自己成為具備這些品質的人**，主動學習理財知識、上課等等。這其實就是一種「調頻」，當你跟財富的頻率相符，也才能看到它、接住它、留住它。

就好像一直以來，我都覺得在台北市路邊能找到車位，堪稱某種奇蹟。

很多人找車位時，內心想的可能是：要在這邊左轉？要右轉？還是要直走才可以找到車位？哪一邊才比較有機會找到車位？其實正好相反，不是哪裡可以找到車位，而是「某處有個留給我的車位，正等著我去停」。

不論車位是室內還是戶外、和目的地的距離多遠多近、是否收費，我相信那就是宇宙為我安排好，當天最適合我的車位。

「謝謝宇宙今天也留車位給我。我知道今天最適合我的車位，宇宙一定把它留在某處了，我現在要做的就是找到它在哪。」
你的車位又在哪裡呢？開始找找看吧！

PART 4

低潮

第18章

成為台灣區代表（並沒有）

我，已經夠成熟了嗎？足夠帶領大家了嗎？……我越思考就越慌，目標很遠大，可是我該怎麼做起？有沒有誰可以告訴我，誰來告訴我該做些什麼？

二〇一八年八月，《看不見的台灣》上映三個月後，九皇子主動提說祂想辦一個謝幕法會，一來是電影也快下檔了，祂協助整個劇組的工作終於告一段落，二來鄭成功的階段性任務達成，祂也得以陞雲（升官）了，三來剛好是農曆七月，這個法會也可以引渡迷途的亡靈。法會的名稱最後變得很長：「《看不見的台灣》謝幕復本歸元和解成功法會」。但簡單來說，就是跟眾神明提一個結案報告啦。

拍攝《看不見的台灣》以前，我對法會的認識是一種民俗活動、道教儀軌，但身處其中，才知道辦法會不只很燒錢（費用動輒百萬起跳），更重要的是有一群人為了往生者、無形的世界，不求回報地出錢出力，真心的付出，我想，這其實也是一種「看不見的公益活動」吧。

在法會之前，貫老師約了我們四個傳訊人，包含我（分多奇），還有寶貴老師（九皇子）、美玲老師（媽祖）和製片 Gary（金剛手菩薩）齊聚一堂。Gary 跟我很像，都是拍《看不見的台灣》後，才意外開啟通靈能力的，雖然這又是另一個故事了。總之，我們這群傳訊人要先來處理功德主們的需求，像是解讀祖先們的遺憾，或是與亡者和解的方法等等。

流程大概是這樣：助手會先念出功德主的名字和年齡，以及他的需求，例如新北W先生想要幫過世的雙親和解，請分多奇看看怎樣才能協助亡者。

雖然我沒做過這種事，但貫老師要我不必多想，只要把自己放空就好，很神奇的是，我真的就開始看到一些畫面和收到一些情緒感受。

分多奇很快地說：「祂們缺錢所以心情不好，容易吵架，需要很多很多的錢。」

這時，在一旁的貫老師會幫忙，將其轉換成具體的需求，或符合法會的做法：「那燒一棟房子，再加金條五十條，夠不夠？」

「可是祂們不會管錢。」分多奇表示。

貫老師當機立斷：「再加個管家。」

分多奇趕緊說：「要男的，男主人比較好色。」

「好，那就是燒一棟房子，金條五十條，再帶一位男管家。」就這樣，拍板定案。

我從沒想過來自第六次元的高靈，有朝一日會跟台灣傳統法會扯上關係。表面上，和我在傳訊會上做的事似乎差異不大，只是接訊來源成了亡者，或說是「靈魂的殘念」也行。但對我來說，在體感上天差地遠。

當我每一次進到這些帶有遺憾的靈魂能量場裡，那些被緊抓著不放的沉重想法，連結著亡者的靈魂，也牽連著祂還在世的家人。進入這些罣礙、不捨、渴求，就像進入一團濕黏的黑霧，每一次做解讀，就像是憋氣走進去，我利用憋氣的這短短幾分鐘，看看黑霧裡的情況，再出來外面，說出我看到的一切。

這和分多奇進入體內的感覺完全不同，高靈的振動頻率很快、很輕盈，因此當我與高靈對頻時，連看事情的角度都不自覺的受到影響，變得比較能從一個宏觀、大局、接納的心態去看；相反地，帶著放不下、憤怒、哀傷等意念的亡者，頻率就沉重許多，所以當我對頻時，整個情緒會有種被拉下去的感覺，連帶著身體也會變得很累、很沉重。

這次經驗讓我發現，每個傳訊人都有擅長與不擅長的事，這無關能力高低，而是與傳訊人本身的個性特質與內在信念息息相關。像個性親切熱情的美玲老師，她身為媽祖的傳訊人，同時又很擅長為亡靈代言，她很願意讓自己投入與感同身受亡靈的意念，就如同慈愛的媽祖般，去傾聽與同理祂們。

而我發現自己更關注實際的行動，更認同「預防甚於治療」的概念——如果一開始就懂得好好照顧自己的身體和心靈，善待自己與身邊的人事物，並為自己的所思所言所行負責，那就可以沒有遺憾地離開，後人也就不必再辦許多法會或儀式，來協助靈魂超渡這些執念。

如果用分多奇的說法，就是：「無形界的規則，是人們集體的意識形態創造的。如果人們認為需要做法會才能改變，那就需要做；但如果人們的意念改變了，那麼未來法會就會越來越少。人們需要知道新的方法……如果人們自身的意念改變，那麼祖先的狀態自然就能翻轉。」我想祂說的沒錯，而且我們總是害怕被祖先拖累，所以時常祈福與安撫祂們。但祖先是已經死去的人，不會再增加新的業力了，反而是活著的我們，不斷創造新的劇情故事與因果……祖先才需要害怕我們吧？

當時的我，在解讀訊息的空檔，呆坐在椅子上，看著身旁忙碌準備法會的工作人員們，心中不禁想著：「為什麼我會在這裡？難道以後我每年都要做這種事嗎？」我對所謂的「通靈人」未來職涯發展，隱約地感到一絲擔憂。在場的傳訊人及協助的每一個人，都是帶著極大的慈悲與愛心在為生者和亡者服務，這是一件非常有愛的事情——可是我就是覺得自己格格不入。

儘管當天的解讀很順利地完成了，但我心底有個微弱的聲音在說：這不是我想做的事。但我到底想做什麼呢？

我不知道。

抱著這樣的困惑，來到了法會當天。

八月的雲林是典型的乾熱天，法會現場在鄉村的稻田中央，只有簡單的棚架與工業風扇，我們每個人都汗流浹背。然而中午過後，突然刮起狂風暴雨，彷彿是即將發生某種變化的預兆。

雷陣雨將棚架打得滴答響，我們劇組一行人靜靜地圍坐在藥供的香爐旁，把含有中藥材的香粉放進爐內，療癒無形眾生的病痛。此時九皇子突然表示，這不只是《看不見的台灣》的謝幕，也是祂的謝幕。

神明也會退休嗎？我們面面相覷，完全不知道接下來會發生什麼事。

九皇子解釋新的時代來臨，地球將會出現頻率更輕盈的高靈，來啟發人類的揚升和轉化。《看不見的台灣》的落幕，也標誌著十二年的冥王星試煉終於結束，輪到天王星上陣，整個地球將迎來意識轉換和提升的新紀元。這一階段性任務既已完成，祂也就該離開了。

祂說：「透過拍攝《看不見的台灣》的這段經歷，你們要盡可能地去往 New Age（新時代）的頻率靠近，然後把自己的智慧準備好，透過這場法會和大雨的洗禮，我要祝福大家，在接下來的路上，不再去宣揚重濁的業力，而是找出能提升頻率的事物。

「我的任務已經達成，新時代裡，不再需要神靈的帶領，接下來會有新的導航老師來接續引導，絕對不會讓大家迷途。今天真的就是一個謝幕，一個舊有、權威、被指導的時代已經過去了。接下來，到來的會是非常輕盈、充滿創新的天王星時代，宇宙探索、AI科技，該讓年輕人浮上檯面了，你們要用更多的心力去培育新世代的轉化。」

我被這個重磅消息砸得措手不及，還陷在感傷裡時，祂話鋒一轉，提到分多奇雖然還需要繼續累積經驗值，但成熟度已經足夠。

「台灣，接下來就交給分多奇了。」祂說。

⚡⚡⚡

蛤？什麼意思？

我被交棒了什麼不得了的任務嗎？

我還在滿頭問號，九皇子又說：「分多奇、大寶，你們不要擔憂，因為技術都可以學，但是你們需要更沉澱、更中立，根植於自己的力量要更強。你們會發現有很多很多的高靈來協助，不會只有你們。分多奇跟大寶，你們好好加油，我把聖火交給你們了。」

從啟靈到現在，也才不過三個月吧。以電玩來說，我就是個還在新手村的初心者。我，已經夠成熟了嗎？足夠帶領大家了嗎？

這時，分多奇有話想說，我整個身體開始劇烈抖動：「啊啊！好興奮好興奮好興奮！」

我開始咳嗽，祂繼續說：「所有的苦痛，都是信念造成的苦痛。不只影響心念，也影響到身體，身心互相影響，形成惡性循環。要消滅苦痛的方法，就是要找到病的起源，要教他們如何防範於未然。可是信念百百種，產生的苦痛就百百種，根本不知道從何預防起。起因！要找到那個起因……

「找到病的起源，這是一個好大好大的工作。現在有太多讓大家依賴、上癮、麻痺的東西，滑手機、刷網路、看電視，在無意識中漸漸地被洗腦跟麻痺了感官，然後對於世界產生了一些不健全的認識。看越多，反而病得越重，而且落入很多的對立和紛爭。那些是沒有辦法帶人們前進的啊！

「……我好想要帶大家前進喔。」分多奇喊出了這一句，讓我的眼淚也掉了下來，我第一次知道原來平和的高靈，也有近似急躁的情緒，感受到祂「為什麼大家要在這邊受苦，路明明就在那裡，我好想帶大家前進」的那種急切感。

天吶，細思極恐，越想我的壓力越大！

突然之間，引領自己入門的導師，不僅宣布自己要退休了（九皇子說到做到，一個月後祂真的離開了），而且我還得接下祂原先負責的重要工作。我越思考就越慌，目標很遠大，可是我該怎麼做起？有沒有誰可以告訴我，誰來告訴我該做些什麼？

九皇子說：「好了，我授旗給妳了，我沒有要跟妳講話了，呵呵呵。」

貫老師說：「就是要多體驗生活啦！」

Gary 說：「沒有法門，沒有方法，只有臣服。」

……越聽越困惑，好吧，那我問問「自己」總可以吧！

第19章
論文的題目你要自己想啊

以前我把注意力放在懷疑，我變得越來越小；現在我把注意力放在信任，當我的信任越多，就越不容易害怕。

「分多奇，你對於九皇子給你的令旗有什麼感覺呢？」

一片靜默，沒有答案。我不死心地又問，「你不是我的指導靈嗎？我現在就需要你的指導。」

沒有答案。那種感覺不像是斷線，因為當我問其他像是「夢是什麼？」或「該如何肯定自己？」等問題時，祂很樂意分享祂的觀點，可是每當我問這一題，就是沒有回應。關於這件事，我以為我什麼都不懂，所以只要有人告訴我路徑，然後我乖乖聽指令就好，因為分多奇、九皇子、貫老師都比我有經驗、有能力。難道不是嗎？

但分多奇用沉默告訴我，給出答案的人，只能是我自己。

曾經我以為通靈可以解決所有的事情，有什麼不懂的，問指導靈就對了，但分多奇就像無情的指導教授，輕飄飄地丟下一句：「論文的題目妳要自己想啊。」讓我彷彿鬼打牆般，陷在無盡的自我懷疑地獄裡。

原來能夠通靈以後，反而是要承擔更多責任；而原本以為通靈後可以得到解答的問題，其實還是沒有答案。

然後，在我 YouTube 頻道上的紀錄片影集《麻瓜通靈日記》，當時也進入了剪接期，我每次坐在剪接台上，看到自己出現在畫面裡，開始意識到把自己一步步的打開來，是如此恐怖的一件事。我忽然間覺得很可怕，影片即將要上線了，但是我根本沒有把握大家會怎麼看我。我會不會被批評是怪力亂神？我會不會受到很多攻擊？如果我說錯了怎麼辦？我能夠負責嗎？

好多好多問題都沒有答案。我很好奇其他通靈人找到的答案又是什麼。

Koshu 是光語的傳訊人，也是聲音療癒師。有十年通靈經歷的他，告訴我通靈給他最大的啟發，是「接受自己的無能為力」。接受現況；接受自己沒有那麼偉大，可以去改變什麼；接受即使身為傳訊人，也可以接受今天就是沒有訊息，而不是想要控制自己，說出多有智慧的話語。

「我練習不要滿足每一個人，這對我來說很重要。」他說。因為當通靈人有想要滿足所有人的想法的時候，管道就會不夠乾淨，這時訊息就很容易偏離原意。他提醒了我，身為通靈人如何避免陷入這個心態：「我想要幫助人」。出發點是好的，但當這個願望太過強烈時，是不是頭腦層的阻礙也出現了呢？

「我們沒有這麼的偉大。」他說。Koshu 這一番話讓我開始省思。

另一位是來自加拿大的耶穌傳訊人蒂娜．司帕爾汀（Tina Spalding），當時她剛好要來台灣辦傳訊分享會，在光中心 David 的協助下，我們有個機會能跟她見面。能與一位傳訊界的大前輩聊聊，的確很有幫助，但真正鬆開我的焦慮，是她的傳訊。

一個呼吸之後，她的高靈阿南達降臨，告訴我們：「活著的時候，只是靈魂被放在一個很小的盒子裡，但你們不需要把自己困在頭腦創造出來的小盒子裡。當你們可以爬出這個盒子，從一個宏觀的角度去看待你的腳本時，你們就能跳脫出『他們會怎麼看我呢？』等等，這類來自『小我』的恐懼和批判。

「因此，妳在做的事情，是讓大家都知道自己擁有與妳一樣的能力，以及我們都是一體的，而非獨立的個體。因此當妳站在舞台上，傳遞訊息的時候，不要把自己看成是做著某種奇怪職業的獨立個體，而是把自己看成協助大家提升的一員。妳的初衷是分享。不用擔心不知道做什麼，當妳以身作則，其他人也開始會加入妳的行列，妳就會進入絕佳的狀態，那就是真正的妳。」

那個當下，我的眼淚一直掉，原來我比我想像中還在意自己身為一個通靈人的形象和成敗。即使讓自己受傷，我的拳頭還是緊緊握著不放。但祂的話語就像一雙溫柔的手，將我緊握著的拳頭完全包覆起來，讓我感覺被理解、被接受、被鼓舞。我不是經由頭腦或邏輯理解祂的話語，是全身心地感受到，我被很大的愛包圍著，而且沒有任何批判。

「妳不是一個人喔。」

我原本躲在又深又黑的洞裡，只想讓自己不被看見，但一道溫暖的光照了進來，我羨慕又害怕地看著外面，發現大家都在那個光亮的地方，等著我走出來。

這段撞牆期大約持續了三個月，在這期間，我的狀況時好時壞，今天覺得滿懷信心，明天又跌到自我懷疑的坑裡，不肯出來。某一天，我跟寶儀去看一場電影特映會，結束後，我們一起走到捷運站，閒談之中，她關心我目前剪片的進度，我說著說著，龐大的責任、對自己能力的懷疑、必須出現在鏡頭前的壓力等等，種種疊加在一起，把我逼到了牆角，讓我越講越委屈，開始大哭。

我不是知名主持人，也不是知名通靈人，我原本只是想記錄，怎麼最後變成是我出現在鏡頭前，別人會怎麼看我？剛開始我把通靈當成一項才藝，可是怎麼學著學著，變得一點都不好玩了，只剩下壓力和責任。最一開始，不是我主動說要學通靈的，訊息也不是我說的，為什麼都是我要承擔責任？

寶儀安慰我，她覺得通靈還是很好玩啊，而且通靈後，我們會發現每個人背後都有自己的靈魂家族，「妳有那麼多的靈性存有在陪伴妳，妳有團隊可以依靠。無論何時，妳永遠都不是孤單的一個人。」

我壓根不覺得這有什麼好：「那然後呢？」

「這是妳要告訴我的啊！如果通靈不好玩的話，那對妳而言，通靈到底是什麼？妳為什麼要通靈？」

寶儀的反問一下子問倒我了，我傻住了，當下我一句話都講不出來。

「**妳是有選擇的**，」寶儀對我說，「其實有一天，如果妳真的覺得通靈不好玩了，妳就不要通了，也沒關係啊。也許代表妳已經體驗夠了，或者這個紀錄片剪完，就不再做通靈人了，也可以啊！」可能是看我哭得很慘吧，寶儀也被我感染，掉了幾滴眼淚。

那天其實沒有結論，但哭完以後我感覺好多了。我們兩人在人來人往的捷運站出口，哭成一團。現在想想，真的很好笑。

事實是，我根本沒有想清楚通靈對我的意義是什麼，卻趕鴨子上架即將成為一名通靈YouTuber，即便開始接觸通靈以來，每個當下、每個決定都是我允許的，可是當事情開始變得不順利的時候，我就抱怨：「為什麼大家要這樣逼我？我好委屈。」我人生中反覆出現的課題，「委屈」和「難以表達」再次捲土重來，我把自己當成受害者，把別人的責任往身上扛，卻把「為自己負責」的責任往外丟。

當寶儀說「妳是有選擇的」的時候，我第一次發現，**原來我真的是有選擇的**。接著我意識到，其實一切都是我自己選的。我選擇體驗、我選擇好奇、我選擇走得更深，造就了我的崩潰和委屈——如果我從此困在通靈人的標籤裡，也都是我的選擇。

我突然間有一個想法：也許我沒有辦法決定什麼事情會發生在我身上，可是我可以選擇我要怎麼回應和面對，重要的是我如何去定義「通靈」對我的意義。我很好奇，我能用這個能力做到哪些事情？我很好奇，我會成為一個什麼樣的人？我很好奇，我可以走多遠，這中間的旅程又會看到什麼樣的風景？

因此，最後是我的好奇心戰勝了恐懼，我有太多想探索的事，而通靈是我的工具之一。我管不了別人怎麼定義我，可能也還是避免不了自我懷疑的時刻，但我唯一能做的是「有自覺的選擇」。靜心教會我，當我把注意力放在哪，哪邊就會更大。以前我把注意力放在懷疑，我變得越來越小；現在我把注意力放在信任，當我的信任越多，就越不容易害怕。

對我而言，「通靈到底是什麼？」和「我為什麼要通靈？」這兩個問題，我一時半刻還沒有答案。也許有一天，我會找到答案，也或許根本沒有答案——因為比起標準答案，更重要的是我找答案的過程中，帶給我的學習，不是嗎？

第20章
所有的起點還是回到自己

所有的發生都有意義，所有的起伏都是過程。未來會走到哪裡，我不清楚，但我唯一確知的是，我正走在我喜歡的道路上。

這個年代的人是幸運的，開啟靈性天線比過去快很多，以前可能需要十年的修行，但是現在，可能只需要一兩年，甚至半年，你就接通了。但當你這麼短時間就能開通能力時，反而更容易懷疑自己。

因此我和分多奇討論後，決定多做一些練習，做更多的一對一通靈解讀，藉由一次次的驗證，去確認自己的能力，並且學習怎麼信任訊息。如果不跟別人交流，我永遠也不曉得自己是否真的擁有通靈的能力。

於是那年十月，我在自己的臉書上徵求願意讓我練習傳訊的志願者，透過第六次元的高靈分多奇的視角，提供一些不同的觀點，幫助他們看見盲點或解開死結。很快的，十個名額就滿了。我把這次練習的重點放在兩個：第一、當我想傳訊的時候，我是否能立刻啟動這個能力？第二、我傳的訊息對當事人的意義是什麼？

這次的解讀練習，比我想像中獲得的還更多。經由不同人的問題，我才發現：哦，原來分多奇也能處理不孕的問題。哦，原來分多奇也可以解讀前世輪迴。哦，原來分多奇也可以看靈魂合約啊。藉由這次練習，我對祂的能力更認識了，也一點一滴地累積對自己的相信。

我曾經在臉書上分享過一篇通靈解讀，當事人是一位剛流產的媽媽，她問分多奇為什麼寶寶會離開她。

沒想到，分多奇告訴她的是一個故事，一個她和未出世孩子的前世因緣的故事，更神奇的是，這位媽媽的推拿師也講過類似的故事，兩邊是完全對得上的。對於流產，她原本一直覺得很對不起孩子，拼命問自己為什麼，卻始終沒有答案，好幾個月走不出來。但在那一刻，她突然了解到，孩子是透過離開她，來教她學會痛苦的轉化和重生，她明白了一切都有意義，終於能夠將痛苦放下，來到人生的下一章。

半年後傳來好消息，她再次懷孕，當準媽媽了。

我很高興，這個故事不是關於結束，而是關於重生。

當我們身處困境時，會感到非常痛苦，以為自己永遠走不出來。無論我們怎麼渴求，想要的總是不來，你會覺得人生再也沒有機會好轉了；但那不是真的，一旦當你把心鬆開了，新的安排自然而然就會進到你的生命裡；當你騰出空間，才能讓新的東西進來。生命給你的，就是你最剛剛好需要的，總是這樣。

在成長過程中，我不曾想過自己會成為一個通靈人，然而好像兜兜轉轉，在外面忙了一圈，所有的起點還是回到自己。

回想我的高中時期，高一升高二要選類組時，我原本想選第三類組（醫組），因為我想幫助人，我的想法很直接，「如果當醫生，不就能幫助更多人嗎？」但是我的家人並不是很支持，他們認為醫生的生活很忙碌，過著很高壓的生活，而且再高的收入，也不能買到幸福快樂。他們提出的論點，讓我猶豫了。

我的第二志願是大眾傳播。我高中時，也正好是蘋果日報、壹週刊剛進入台灣的時候，當時教育部很鼓勵學生多看新聞、關心時事，但每天幾乎都是腥羶色的新聞，我實在看膩了外遇、劈腿、上酒店、酒駕，「為什麼報章雜誌全是八卦？我想看真正的新聞，我想改變這種風氣，我想傳遞一些有用的訊息——既然如此，那就讀大眾傳播科系吧！」當時很流行製作自己的夢想板，我就把「我要成為媒體界的清流」這句話貼在上面（當時我真的好狂妄呀）。

我都快忘了這件事，直到某天我在家煮咖哩的時候，一個念頭突然像閃電般打進來——通靈，不就是「助人」和「傳遞訊息」這兩者的結合嗎？藉由傳遞對大家有幫助的訊息，療癒人心。想法的結被解開了，或許也是一種另類療法吧。

我從廣電系順利畢業之後，立刻進入一間廣告製作公司上班。我當時想，不是有句話說「打不過，就加入它」嗎？如果我要成為媒體界的清流，我當然要先爬到上位，才有辦法改變體制吧。

沒想到我會就此進入一種病態的失速生活。我的職稱是製片助理，領的是基本起薪，工作內容包山包海，工作時間卻非常長，常常日夜顛倒，生理時鐘和內分泌整個亂掉。我曾經壓力大到送急診，休假到一半被 call out 更是再常見不過的事。

有一次我們去勘景，監製、代理商、製片經理、導演、攝影師、美術指導以及我們這些助理坐在一台九人巴上，我坐在副駕駛座，聽著後座這些大咖們討論勞力士、重機、名車（「看，這是全台限量兩支的錶」），互相推薦哪家診所的特效藥很有效（「上次好幾天熬夜工作沒睡覺，去那裡打一針又可以再撐好幾天」）。他們談論的事情離我實在太遙遠，我當時聽著聽著，突然覺得很荒謬。

所以這就是我的未來嗎？

我從一個小小的製片助理慢慢往上爬，終於有一天，我爬到高位了，成為像他們那樣賺很多錢、有一定影響力的大咖後——原來就是這樣嗎？這樣就會幸福嗎？我突然有一種文化衝擊感，我以為我必須把自己逼到極限，才能達到我的目標，但是那一刻，我發現我要找的青鳥根本不在這裡。

出社會後，購物曾經是我的樂趣來源，我喜歡最獨一無二、能彰顯品味的任何事物。但久而久之，我隱約發現好像有一個陷阱，叫做「只要得到我沒有的〇〇，我就會快樂」。我以為年薪達到一百萬，我就會快樂；我以為找到溫柔的戀人，我就會快樂；我以為買了房子，我就會快樂。我們習慣將幸福建立在外在物質的多寡，可是當我擁有了這個想要的東西，我就會接著想要另一個我還沒有的東西。這件事沒有終點，顯然有點怪。

我開始找其他出路。製片助理的工作讓我發現自己的攝影天份，所以我決定辭職，到台北知名的攝影私塾學了一年，奠定基礎之後，前往法國繼續進修。但在那邊學的越多，心裡有個疑問越來越令我無法忽視：我該怎麼拍出好電影呢？

法國的教育讓我了解到，如果我想要講動人的故事，我需要的不是向外追求，而是要回頭深入認識養育我的土壤。但身為台灣人，我了解台灣嗎？我越想越心虛。

如果我不知道「我是誰」、「我從哪裡來」，我要怎麼拍出深入人心的作品？

因此，我決定放棄法國的學業，哭喪著臉跟爸媽道歉，回台灣往紀錄片攝影師的方向發展，我想用鏡頭捕捉台灣這塊土地上的故事，我拍過獨立書店、拍過原住民歌手、拍過台灣的山林自然，每一部紀錄片，我都全心投入，然後有一天，我遇到海哥，拍了《看不見的台灣》。接下來的故事，我想你們都曉得了。

從一個微小的起心動念，「我想幫助人」和「對物質的懷疑」開始，我亦步亦趨走到了這裡。所有的發生都有意義，所有的起伏都是過程。未來會走到哪裡，我不清楚，但我唯一確知的是，我正走在我喜歡的道路上。

身體總是有答案

每一次，當我不確定該怎麼做決定時，我會把我的注意力降到一樓，也就是身體層面，因為身體永遠不會騙自己。

做法是，我會在內心直接問，關於這件事情，我的身體現在是什麼感覺？例如今天約好了健身的教練課，我應該要去出門去健身房，可是我感覺有點累，又不好意思因此就不去上課。這時我就會讓自己靜下心來，做兩三個深呼吸，然後問自己，把這句話說出來：「我想要去運動，那我的身體呢，你想去嗎？」把身體當作一個對象，與它對話，然後去感受身體的感覺。是感到輕鬆，好像有某個東西從肩膀卸下來，或是胸口能夠更順暢呼吸的感覺；還是感到沉重、緊縮、僵硬？

我們周遭有很多不敢拒絕的人，很容易怕給人添麻煩、怕人家不高興，但其實這個「怕」裡面有很多的預設立場。反過來想，我為了「不要給人添麻煩」，勉強自己用很累的身體去上課，然後狀態很差，很多動作都做不到位，這才是真的給教練添麻煩吧？

當你願意放掉頭腦裡的「我應該……」，放棄對情緒的價值判斷，願意去感受身體真實的反應時，你會發現，其實有好多的線索，然後有好多的整合開始發生。

聽從自己身體的需求，然後跟其他人溝通你的感受與你的需求，這其實就是一個愛自己的表現。而當你能夠一次又一次地去做到這件事情的時候，你會越來越習慣，然後你會發現，其實我是有能力為自己去表達的，而且別人也會更認識你，更認識真實的你。

一次次真實的表達，其實就是一場冒險。歷險歸來，你很可能會發現，其實現實沒有你想像中那麼可怕，於是你會感到越來越安全、越來越自在。

PART 5

重生

第21章 通靈了，然後呢？

我學到生命中最可惜的，不是未完成的夢想，而是沒有允許自己完整體驗的每個當下。

這幾年踏入靈性世界的探索以來，我一直在練習一件事，盡量多分享出於愛與真心的訊息，少分享被焦慮跟恐懼驅動的訊息。

我以前是個容易擇善固執的人，會有「非黑即白、二元對立」的心態。但是通靈讓我一直練習敞開、放下判斷和預設立場，才發現我們常常被自己的頭腦限制住，以為選項只有A跟B。但殊不知，從各方高靈的角度來看，還有C、D、E、F、G、H……，一直一直下去。

訊息沒有標準答案這件事，讓我恍然大悟原來不只是通靈，而是我們生命中的每一件事情都是如此。可以從這邊解讀，也可以從那邊解讀，而每一面解讀出來的內容與觀點都不同，但大家說的又都是同一件事情。我們很容易陷入對錯之爭，事實上，沒有誰才是對的，可能每個人都是對的，因為每一個人都在訴說他們認知中的真實。

當我看見越來越多視角時，我發現，通靈真的開啟了我的「智慧之眼」，看得更廣，看得更深入，看得更放鬆。它讓我學習如何帶著信任往前走，對我生命中所有發生的事物保持敞開。更重要的是，**我們會活成我們相信的樣子**。當我相信人性本善時，我就會活出那個樣子，並以我為中心往外擴散，創建出充滿善意的生活圈。

再者，靈性是萬事萬物相連的呈現，我越來越深刻地體會到「我的生命不只是我的生命」，是關乎我遇到的每一個生命。當我走得越深，我就能夠帶他人走得越深。即使我一度掉進洞裡，卻因此學會了爬出黑暗的能力，所以我相信所有的災厄，只要我願意，都可以是隱藏的祝福。

因此，對我來說，生命不是一趟朝聖之旅，不是一個有目的地、有任務必須達成的旅程，而是一首歌。這首生命之歌從開始到結束的每個音符、每個拍子，甚至是每個空白，都來自於我對生命的回應。

現階段的我，只想學著如何把自己活得更開闊。我認為方法很簡單，只要在每一刻以真誠的心盡力而為，然後對結果放下執著，讓生命帶領自己，該走就走，該停就停，該飛就飛。

我學到生命中最可惜的，不是未完成的夢想，而是沒有允許自己完整體驗的每個當下。

當快樂來臨時，就練習讓自己知道：「我很快樂！」、「我開心得不得了！」然後明白即便是最艱難的時刻也會過去，黑暗讓光明變得更耀眼，感謝所有人事物給我的養分。

接下來還會發生什麼事呢？雖然還是有點緊張，但我願意勇敢往前走。

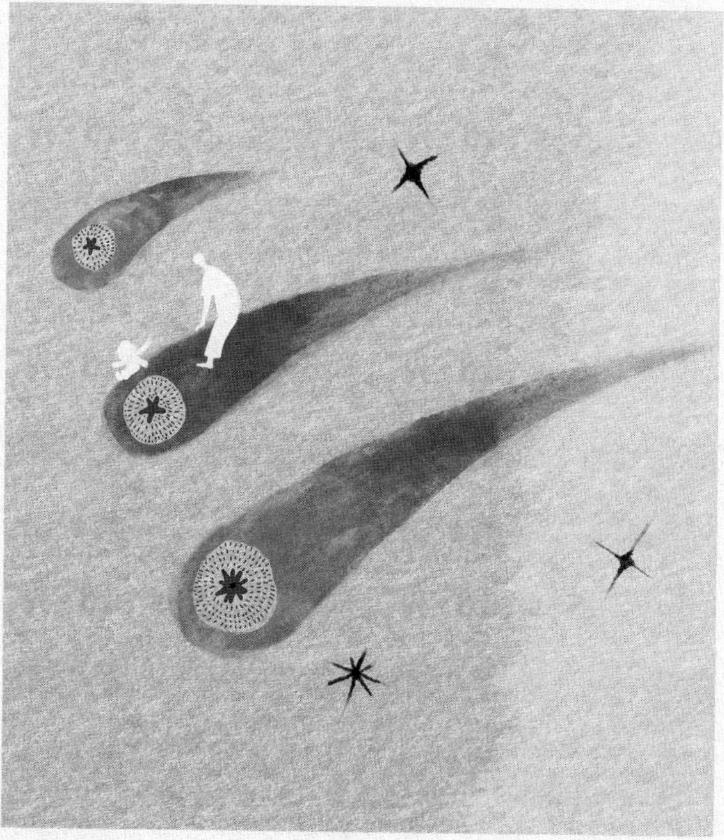

致謝

分多奇曾跟我說，現在是能量湧現的時代，人們比以往更容易開啟靈性天線，但是大多數人都處在恐懼裡，如果我願意分享自己的歷程，就能像一座燈塔照亮黑暗的海面。

坦白說，我覺得祂言重了，擔任燈塔的守護者也不是我的志願。我只是一個熱愛探險的人，當視線不佳，起霧的時候，我沒有停在原地等霧散去，而是選擇提著手上的小油燈，一步一步慢慢往前走。

我很幸運，這一路上有許多人願意幫助我、指引方向、成為我的夥伴。

走著走著，二〇二二年末，采實出版社的編輯尚鈴看見了我的 YouTube 影片《麻瓜通靈日記》，邀請我為這段旅程寫一本書。

撰寫此書的途中，我差點因為偏執的完美主義迷路在焦慮裡，好在有她陪我抽絲剝繭，將那些我說得出口卻寫不出來的，用她的筆觸化為文字。

這本書是因為有尚鈴才得以完成，我想藉此機會表達我真摯的感謝。

看著書稿成形這一刻，我漸漸可以相信，我的內在確實長出了走出迷霧的能力，而這個能力是眾多夥伴陪我一起長出來的。

我由衷地感謝每一位帶領我的靈性導師、我的伴侶、我的家人、我身邊的每一位夥伴，因為你們願意成為我生命中的陪伴、慷慨、清晰的視野、智慧與愛，我才有勇氣繼續探險。

一個終點，總是又開啟下一個起點。我不曉得「看不見的旅程」會帶我走多遠，也不知道下一個終點是什麼模樣。生命總是一點一點地開啟，它不會一下子給太多。

或許有一天，我能在旅途中遇見你，陪你走一段路。

到時候，就請你多多指教了。

HEART
心|視野 心視野系列 122

麻瓜通靈日記

沒有地圖、沒有導遊，跟著大寶、宇宙閨蜜分多奇一起，踏上這場冒險、驚奇、新體驗之旅！

I Used to be a Muggle

作者	王艾如（大寶）
插畫	鄭婷之
封面設計	木木 Lin
內文排版	顏麟驊
責任編輯	洪尚鈴
行銷企劃	蔡雨庭、黃安汝
出版一部總編輯	紀欣怡

出版者	采實文化事業股份有限公司
業務發行	張世明．林踏欣．林坤蓉．王貞玉
國際版權	鄒欣穎．施維真．王盈潔
印務採購	曾玉霞
會計行政	李韶婉．許俽瑀．張婕莛
法律顧問	第一國際法律事務所 余淑杏律師
電子信箱	acme@acmebook.com.tw
采實官網	www.acmebook.com.tw
采實臉書	www.facebook.com/acmebook01

ISBN	978-626-349-369-8
定價	380元
初版一刷	2023年8月
劃撥帳號	50148859
劃撥戶名	采實文化事業股份有限公司

104臺北市中山區南京東路二段95號9樓
電話：（02）2511-9798 傳真：（02）2571-3298

國家圖書館出版品預行編目資料

麻瓜通靈日記：沒有地圖、沒有導遊，跟著大寶、宇宙閨蜜分多奇一起，踏上這場冒險、驚奇、新體驗之旅！／王艾如（大寶）著. -- 初版. -- 臺北市：采實文化事業股份有限公司，2023.08
224 面；14.8×21 公分. --（心視野系列；122）
ISBN 978-626-349-369-8（平裝）
1. CST：超心理學 2. CST：靈修
175.9 112010262

采實出版集團
ACME PUBLISHING GROUP